AF266784

АУТЕНТИЧНЫЙ ГИД ПО МЕДИТАЦИИ

Шар Кхентрул Джампел Лодрё

Перевод: Алексей Лобанов, Алёна Кучияк

Dzokden

Автор: Шар Кхентрул Джампел Лодрё
Редактор английской версии: Адриан Хекел
Перевод на русский язык: Алексей Лобанов, Алёна Кучияк
Редактор русской версии: Алёна Кучияк, Марина Готовкина

Первое издание

ISBN (печатная версия): 978-1-961659-95-7
ISBN (электронная версия ePub): 978-1-961659-96-4

Издатель::
DZOKDEN

Данный труд был создан организацией Dzokden - некоммерческим обществом, полностью работающим на волонтёрской основе. Эта организация посвящена распространению несектарного взгляда на духовные традиции мира, а также преподаванию буддизма таким образом, чтобы он оставался подлинным, но при этом был практичным и доступным для западной культуры. Особое внимание уделяется распространению традиции Джонанг - редкой драгоценности, происходящей из отдалённого региона Тибета, которая сохраняет бесценные учения Калачакры.

Для получения информации о предстоящих событиях, доступных материалах или для того, чтобы сделать пожертвование, пожалуйста, свяжитесь с нами

Dzokden
3436 Divisadero Street
San Francisco, CA 94123 USA
www.dzokden.org
office@dzokden.org

СОДЕРЖАНИ

Предисловие автора

Инструкции по медитации, представленные в этой книге, не являются такими, которые можно прочесть несколько раз, а затем отложить в сторону, – может быть невероятно полезно ознакомиться с ними и практиковать их как цель всей жизни. Если вы настойчивы в привнесении этих инструкций в жизнь, ваша жизнь обретет великий смысл и цель. Чуть-чуть практики, однако, не приведут непременно к какому либо достижению, если, конечно, вы не обладаете исключительной степенью врожденных духовных способностей. Так же, как акробат не может выполнить трюк, когда он рождается, и нуждается в практике непрерывно, медитация – это то, что вам следует практиковать снова и снова. Как правило, вам понадобятся большая настойчивость, приверженность и мудрость, наряду с искусным руководством от учителей или духовных друзей. По прошествии времени, впрочем, ваша практика станет вашей второй натурой и не будет требовать больших усилий, тогда она станет источником радости и великого смысла.

Если вы не можете уяснить такие идеи, как просветление или дхьяны, помните, что существенная цель буддистской практики – это всегда быть внимательным к своему поведению и сохранять доброе сердце в любых обстоятельствах. С этой точки зрения, медитация является важным методом для "привыкания" к чувствам любви и сострадания, которые вам следовало бы развивать всё время. Кем бы вы ни были, и чем бы вы ни занимались, это непременно принесет вам огромную пользу.

Shar Khentrul Rinpoche Jamphel Lodrö
Belgrave, Australia

Будда Шакьямуни медитирует под деревом Бодхи
Просветление», фрески храма, Бодхгая, Индия, @ автор
Marianna Rydvald www.dakiniunlimited.com www.dakiniart.com

ВВЕДЕНИЕ

В наши дни практика медитации становится все более популярной. Она признана важной частью здорового образа жизни и неотъемлемым аспектом многих духовных традиций. Поскольку научиться правильно медитировать может потенциально принести большую пользу, я чувствовал, что брошюра, подобная этой, будет полезна, чтобы преподнести курс медитации способом, который одновременно достоверен и доступен.

Прежде всего, я верю, что этот материал достоверен, так как он основан на традиционных буддистских учениях, которые были проверены за две тысячи лет, – следуя этим инструкциям бесчисленные медитирующие смогли обнаружить истинную природу своей реальности и полностью трансформировали свои жизни. Эти учения предлагают практический подход, который может принести пользу каждому, независимо от его расы и религии. Мы называем их "буддистские", однако, чтобы задекларировать, что они проистекают из достоверных источников.

Я попытался сделать данный материал доступным, минимизируя использование жаргона и ссылаясь на разнообразные современные источники. Я попытался просуммировать разнообразие методов медитации, которые были эффективны не только во времена Будды, но и были со значительным успехом использованы современными учителями.

Надеюсь, что эта книга будет направлять вас к нахождению способа медитации, который "приведет вас домой", когда вы пожелаете – к пространству спокойной ясности, в которой вы найдете умиротворенность и восстановите свою энергию, или из которого вы можете эффективно участвовать в мире и грациозно двигаться по волнам жизни. Тем не менее, я надеюсь, что эта книга может служить в качестве "моста" к просветлению, следуете ли вы буддистским путем или любой другой аутентичной духовной традиции. Для тех, кто особенно заинтересован в буддистском пути, я сердечно поощряю вас изучить ссылки в конце этой книги, особенно серию книг "Распознавание Вашей Священной Истины"

ЖЕЛАЮ УДАЧИ!

ГЛАВА 1

ПРЕДВАРИТЕЛЬНЫЕ СВЕДЕНИЯ

I. ПОЧЕМУ ТАК ВАЖНО МЕДИТИРОВАТЬ

Хотя все мы и обладаем неограниченным потенциалом развивать наш ум, в данное время он подвержен притупленности, разрушениею и бесконтрольным эмоциям, а так же потенциалом для возникновения этих состояний. Медитация может очистить и усовершенствовать наш ум. На одном уровне она может помочь нам вести более эффективную, сбалансированную, спокойную и умиротворенную жизнь. На более глубоком уровне она может помочь нам развить мощную силу ума и сосредоточсние. Если мы можем отречься от наших привязанностей к мирским интересам и развить великое сострадание, это может привести к обнаружению нашей просветленной природы.

Мы должны помнить, что медитация развивает нефизическое сознание ума. В наши дни мы начинаем понимать, что ментальные явления возникают из скрытого измерения реальности, которое является более фундаментальным, чем разделение на ум и материю. Это – то, что буддисты считают тонким умом, и многие медитирующие обнаружили это напрямую. В отличие от пяти чувственных сознаний, которые зависят от определенных телесных органов, тонкий ум может быть натренирован неограниченным образом. Поэтому практика медитации может вести к выдающимся результатам, если мы с упорством продолжаем ее.

Вы можете спросить: какую пользу принесет медитация в вашу ежедневную жизнь? Во-первых, качество вашей жизни зависит от того, как вы воспринимаете и реагируете на вещи, и это определяется качеством вашей сознательной осознанности. Практика медитации может улучшить это, так что вы можете научиться подходить к жизни с позиций спокойствия, ясности, проницательности и понимания. Таким образом она может помочь вам чувствовать себя присутствующим в настоящем, приземленным и связанным со всем вашим опытом. Вместо того, чтобы быть захваченным реагированием на внешние события, вы можете быть в лучшем положении понимать вещи такими, как они есть, и реагировать мудрым способом, с терпением и добротой по отношению к себе и другим. Тогда вы сможете обнаружить внутреннюю свободу, в которой сможете выбирать свои реакции, вместо того чтобы реагировать, сопротивляться или искать развлечения.

Так же медитация приносит много пользы здоровью. Это включает улучшенные навыки преодоления трудностей, память, результативность, лучший сон, лучшее снижение напряжения, меньше беспокойства и депрессии, и снижение хронических болей (так вы можете научиться просто осознавать боль не "покупаясь" на нее). Она также может привести к сниженному артериальному давлению и ритму сердцебиений, улучшению работы иммунной системы и пользе в широком спектре физических состояний включая болезни сердца, диабет и рак.

Однако, самая огромная польза практики аутентичной медитации это то, что она открывает дверь к просветлению, или развитию великой мудрости и сострадания. Это может показаться отдалённой концепцией, но если вы действительно разовьете навык медитации, вы увидите жизнь с совершенно новой точки зрения и оцените драгоценную возможность, которую эта жизнь дает вам, чтобы обнаружить подлинную суть реальности.

В этой книге я начну с того, что дам определение медитации с последующим кратким описанием курса медитации, а также того, как выбрать подходящий объект. Затем я опишу конкретный метод медитации, начиная с создания правильных внешней и внутренней обстановки. Далее, используя памятование о дыхании в качестве примера, мы совершим экскурсию по разным стадиям медитации, ведущим к совершенному однонаправленному сосредоточению. За этим последует краткое изложение помех медитации, а также противоядий к ним, с последующими инструкциями, как заниматься аналитической медитацией, и описаниями нескольких продвинутых практик медитации.

II. что такое медитация?

Слово "медитация" хорошо известно в мире. Однако, его значение как правило ограничено, неправильно понято и представлено в немного упрощенном виде, по крайней мере – с точки зрения буддизма. Значение медитации обширно, как океан, и включает в себя сокровищницу умений и методов. Нет необходимости понимать ее многочисленные значения на данном этапе, хотя жизненно важно развить правильный взгляд на медитацию и понять самые основополагающие моменты.

В первую очередь, тибетским словом для медитации является *гом*, которое означает одновременно "ознакомление" и "процесс ознакомления". С буддистской точки зрения, это значит учиться распознавать и привыкать к взгляду на реальность, который отражает истинную природу вашего опыта, и посредством этого вы развиваете мудрость и сострадание. Когда вы практикуете медитацию таким образом, вы привыкаете к более истинному смыслу того, кем вы действительно являетесь, и вы сделаете этот

Монах показывает семиточечную позу медитации Вайрочаны

взгляд более прочным и стабильным по мере того, как развивается ваше сосредоточение. Вместо того, чтобы быть чем-то просто интеллектуальным, этот взгляд может стать частью вашей житейской реальности.

На простом уровне, мы можем думать о медитации как инструменте для эмоционального и ментального благополучия, и для достижения баланса в нашей жизни. В современном мире мы зачастую носим много напряжения в нашем теле, движимые привычкой навязчивого мышления и культурой, которая поощряет нас двигаться вверх и вперед. Медитация, в таком случае, может быть инструментом плавно остепениться и вновь обнаружить точку равновесия, где вы можете выбрать быть спокойным и восполнить свою энергию. Найдя эту точку равновесия, вы затем можете быть более эффективным и ясно мыслящим, когда придет время двигаться и действовать как в мире, так и в вашей трудовой и семейной жизни. Это – все равно, что знать, где находится пляж и быть способным вернуться в него, когда вы пожелаете, в то время, как вы плывете по океану жизни и сталкиваетесь с условиями, которые иногда спокойны, а в другие моменты – буйные и бурные. Вы также можете представить сумку, которую вы носите при себе. Поначалу она довольно легкая, но если вы продолжаете носить ее в одной руке много часов подряд, она становится тяжелее и тяжелее с каждой прошедшей минутой. Это похоже на напряжение, которое мы носим в себе: все наши истории, страхи, заботы, стресс и обязанности. Медитация позволяет вам опустить сумку, после этого вы сможете поднять ее снова с наибольшей легкостью, энергией и ясностью.

Существует два основных уровня медитации: *шаматха* (так же известная как спокойное пребывание) и *випашьяна* (что значит "чистое видение"). Шаматха относится к технике однонаправленной медитации, когда вы фокусируетесь на одном объекте для того, чтобы "привыкнуть к нему" и таким образом унифицировать и сосредоточить ум; так он становится стабильнее, чем обычный рядовой ум. Это также характеризуется как блаженное и не отвлеченное состоянием ума, что является результатом практики шаматхи. Випашьяна, тем временем, относится к медитации прозрения [проникновения]. Это подчёркивает постижение истинной природы ума и явлений.

Если мы думаем о свече, шаматха похожа на стабильность пламени, а випашьяна похожа на яркость пламени. Чтобы четко видеть картину, вам нужно, чтобы пламя было одновременно устойчивым и ярким. Точно так же, чтобы обнаружить истинную природу вашего опыта, вам нужен ум, который одновременно и спокоен, и ясен. Однако это не означает, что шаматха и випашьяна полностью разделены. Многие учителя уподобляют эти два метода двумя концам палки или двум сторонам руки. Чем больше вы развиваете спокойствие и сосредоточение, тем больше вероятность развить проницательность. Чем больше вы развиваете проницательность, тем легче вашему уму быть сосредоточенным и спокойным. Чтобы полностью искоренить вредные эмоции и психические состояния, однако, необходимо чтобы присутствовали оба. Это известно как *союз* шаматхи и випашьяны.

Все типы медитации используют один и тот же метод:

1. Успокойте ваше тело;
2. Сфокусируйтесь на выбранном объекте;
3. Когда придут мысли или чувства, просто наблюдайте и осознавайте их;
4. Мягко верните ваш ум обратно к объекту.

Медитация шаматхи подчёркивает второй этап: вы тренируетесь привыкать к стабильному состоянию ума или настолько хорошо знакомитесь с объектом, что отвлекающие мысли становятся едва заметными и в конце концов перестают возникать.

Медитация проницательности в основном акцентирует внимание на третьем шаге, когда вы учитесь следовать мыслям и чувствам с полной осознанностью или изучать их природу. При любом методе крайне важно не пытаться "блокировать" мысли или чувства, а скорее осознавать их и мягко возвращать свой ум обратно к объекту медитации.

Эти четыре шага также содержат три ключевых навыка, которые вы постепенно развиваете, когда учитесь медитировать. Первый – это *расслабление*, когда тело учится отпускать всё своё привычное напряжение и чувствовать себя "всеобъемлющим". Второй – это памятование, погружение ума в объект медитации таким образом, что ум становится "заполненным" объектом. Последний навык – это *осознанность* либо *бдительность*, которая относится к аспекту ума, действующему, подобно бдительному охраннику, проверяя, чтобы понять: внимательны вы или нет, и делая объект все более и более ярким. Он также предупреждает вас, если вы впадаете в состояние вялости, возбуждения или других препятствий, и поддерживает воспринимающую осведомленность об объектах в фоновом режиме, таких, как зрительные и звуковые образы. Эти три качества похожи на корни, ствол и листву дерева. По мере того, как наша практика развивается, корни расслабления уходят глубже, ствол внимательности становится крепче, а листва бдительности поднимается выше.

III. обзор пути медитации

Начало практики медитации происходит, когда вы проясняете свою мотивацию и получаете философское понимание того, к чему может привести эта практика. Также полезно заложить прочный фундамент морали, дисциплины и баланса в вашей жизни. Для некоторых людей это может означать упрощение жизни, чтобы освободить место для практики медитации, а для других это может

Три ключевые навыка медитации: расслабление, осознанность и внимательность или бдительность

означать более активное участие в жизни. Для кого-то это может означать вступление в монастырь или решение придерживаться определенного набора заповедей. Эта основа дисциплины помогает вам развивать внимательность в повседневной жизни. Мотивация, с которой вы занимаетесь медитативной практикой, может быть в том, чтобы принести пользу себе в этой жизни, достичь освобождения от страданий или достичь полного просветления на благо всех существ. Каждая мотивация одинаково допустима, и мы не можем сказать, что одна лучше другой, и все же более высокая мотивация, вероятно, приведет к большему благу.

В общем, вы начинаете с выбора подходящего объекта медитации (будь то один или несколько) и занимаетесь однонаправленной медитацией, чтобы достичь *ума шаматхи*. Вы постепенно продвигаетесь через девять состояний или стадий внимания, ведущих к устойчивому состоянию покоя и совершенного сосредоточения, которое можно направить на любой объект, выбранный вами. Те, кто постигнет шаматху, будут свободны от эмоций, и смогут оставаться в спокойном состоянии ума в течение длительного времени. Эта медитация является общей как для буддийских, так и для не буддийских традиций. Если вы добьетесь некоторого прогресса в постижении однонаправленного сосредоточения, вы обнаружите состояния великого покоя во время медитации и заметите множество преимуществ в своей повседневной жизни.

Если вы не привязаны к этому спокойному состоянию ума и обладаете смелостью и усердием продвигаться дальше, вы достигнете стадии, на которой у вас будет высокая мотивация продолжать практиковать, вдохновленная множеством блаженных и умиротворенных переживаний. Это может привести к постижению чрезвычайно утонченных состояний сосредоточения, известных как *джханы*. Это чрезвычайно блаженные, полностью поглощённые состояния ума, в которых вы совершенно не осознаете никакой внешней реальности.

Результатом практики шаматхи или джханы может быть мирское или "сансарическое" достижение, то есть оно может в конечном итоге не привести к освобождению от страданий. Либо, по крайней мере с буддистской точки зрения, при наличии правильной мотивации и мудрости, это достижение может быть направлено на просветление. С этой точки зрения шаматха не является конечной целью, но скорее – фундаментальным шагом на пути к обнаружению понимания природы вашего страдания. Тогда, действительно, возможно преодолеть все деструктивные эмоции и психические состояния, достигая совершенного и длительного освобождения от страдания.

У некоторых людей сначала развивается спокойный ум шаматхи, а затем приходит прозрение; у других сначала появляется прозрение, а позже развивается медитативная устойчивость. Есть те, кто развивает спокойствие и прозрение одновременно или параллельно, тогда как другим требуется большое терпение, чтобы успокоить ум и развивать путь.

IV. выбор объекта медитации

Чтобы найти путь медитации, наиболее подходящий для вас, очень важно найти один или несколько объектов для медитации, которые соответствуют вашему типу личности. В идеале это – предмет, в который вы влюбитесь. Вы можете выбрать этот предмет, исходя из своего опыта или предпочтений, или учитель может порекомендовать его вам. Конкретный объект обычно выбирается, чтобы помочь вам преодолеть определенную слабость, или потому, что он основывается на ваших сильных сторонах. Например, если у вас вспыльчивый характер, созерцание любящей доброты может быть очень подходящим объектом, поскольку она служит противоядием от гнева. Если у вас *чувственная* натура, вы можете быть предрасположены к практике любящей доброты и преданности по другой причине, поскольку такой тип объекта подойдет вашей личности. Точно так же, *мыслители* могут быть предрасположены к определенным формам аналитической медитации, а *ощущающие* натуры могут извлечь выгоду из техник, которые акцентируются на внимательности к телу или сенсорном осознавании.

Другим соображением является то, что когда вы медитируете для достижения однонаправленного сосредоточения, по мере того, как ваша концентрация улучшается, вы можете выбирать объект, который становится все более и более утонченным. Вначале движущийся объект, такой, как медленная ходьба или дыхание, может быть наиболее подходящим, но в определенный момент лучше сосредоточиться на устойчивом, неподвижном объекте, таком, как святое изображение или визуализируемый мысленный объект.

Согласно буддизму Махаяны и Ваджраяны, существует бесконечное количество объектов для медитации, подходящих для разных типов существ и позволяющих развить однонаправленное сосредоточение. Учение Тхеравады, тем временем, описывают сорок различных объектов созерцания, подходящих людям с различными темпераментами.

Вы можете поделить почти все объекты медитации на восемь категорий:

1. Дыхательные медитации (спонтанное дыхание и контролируемое дыхание).

2. Визуализации (например, изображение Будды или визуальные объекты, называемые "касины", которые олицетворяют четыре элемента и четыре цвета).

3. Медитации мантр (когда звук или группа слогов повторяются, часто вместе с визуализацией).

4. Медитации, связанные с движением (такие как медленная ходьба или йога).

5. Медитация на энергетических центрах или чакрах.

6. Медитации джханы (очень глубокие состояния медитативного погружения).

7. Аналитические медитации (включая размышления о таких вещах как непостоянство, любящая доброта или молитвы и практики посвящения, а также исследование истинной природы реальности).

8. Медитации открытого осознавания (включая открытое осознавание содержимого ума или практику "темной комнаты" из Калачакра-тантры)

Первые шесть категорий акцентируют внимание на развитии однонаправленного сосредоточения, тогда как последние две категории акцентируют внимание на прозрении; однако каждая категория может привести одновременно и к концентрации, и к прозрению. Практика темного ретрита Калачакры, например, используется для достижения шаматхи путем созерцания неконцептуального состояния, и на определенном этапе это приводит к прямому прозрению в истинную природу реальности.

Если ваш ум преимущественно страдает от навязчивых мыслей или у вас "мечтательный темперамент", который довольно часто встречается при нашем занятом и напряженном образе жизни, сосредоточение внимания на естественном потоке дыхания может быть эффективным способом успокоить ум и расслабить тело. Осознание внутренних чувств и ощущений также может помочь достичь более расслабленного состояния, равно как и осознанность движений тела, как при медленной ходьбе или йоге. Для медитации при ходьбе вам следует сфокусироваться на каждом моменте движения каждой ступни, и вы можете синхронизировать это с дыханием ("вдох сознавая левую ногу, выдох сознавая правую ногу") или, возможно, с мантрой (*буд-до* используется в тайской традиции, при этом тихо произносится один слог при каждом шаге). Использование дыхания как объекта медитации подробно описано далее в этой книге.

Если вашей преобладающей омрачающей эмоцией является ненависть или гнев, тогда любящая доброта, также называемая *метта*, может быть хорошим объектом для медитации. Аналогично, медитация на "сопереживающую радость" может быть подходящим объектом, если у вас есть склонность к ревности. Чтобы медитировать на любящую доброту, вам следует признать, что все существа ищут счастье, подобно вам, и развивать желание, чтобы другие нашли истинное счастье и его причины. Эта медитация является основой для более продвинутых размышлений о любви и сострадании, представленных в буддийской традиции Махаяны.

Подходящие объекты для тех, кто имеет верующую натуру (чувственный тип), включают памятование о Будде и Трех Драгоценностях, божествах и добродетелях, таких, как щедрость. Это особенно может касаться тех, у кого есть опыт в христианстве или других религиях, основанных на вере, кого привлекает молитва или религиозные практики. С другой стороны, для тех, кто является мыслителями, подходящие объекты включают памятование о смерти и непостоянстве, размышление о теле как совокупности элементов и размышление о взаимозависимости. Эти размышления также могут быть противоядием от гордыни и высокомерия.

Один из эффективных методов визуализации, сочетающий в себе несколько из этих объектов, состоит в том, чтобы осознать, что ваше тело возникло в результате омрачений и кармических склонностей, а затем визуализировать его как совокупность нечистых плоти, костей, крови, гноя, экскрементов и любых других характеристик, о которых вы можете подумать. В центре сердца визуализируйте сияющий свет, символизирующий вашу просветленную природу, медленно расходящийся по телу. Ум остается в однонаправленном сосредоточении, следуя за светом без отвлечений, и все ваше тело превращается в нерушимый сияющий свет.

Это символизирует полное очищение и постепенное постижение вашей просветленной природы.

Пока ваша мотивация чиста и ваше воззрение правильно, тантрические медитации, включающие визуализации и мантры, могут быть очень эффективным способом практики. Они могут особенно подойти людям с *интуитивным* типом личности. Медитации, включающие визуализацию и мантру (известные как *йога божества* или стадия *зарождения*), могут связать вас с аспектом вашей просветленной природы, и конкретное божество может подойти определенному темпераменту. Например, мантру Манджушри ОМ АХ РА ПА ДЗА НА ДИ можно использовать для развития мудрости, а мантру Ченрезика ОМ МА НИ ПАДМЕ ХУНГ можно использовать для пробуждения сострадания. Мантра Ваджрапани ХУНГ ВАДЖРА ПХЕТ может помочь вам выработать сострадательные силу и прочность. Мантра Будды Медицины, тем временем, может помочь вам исцелить себя, чтобы вы смогли принести пользу другим: ТАЯТА ОМ БЕКАНЗЕ БЕКАНЗЕ МАХА БЕКАНЗЕ РАДЗА САМУДГАТЭ СВАХА. Наконец, мантра Белой Тары ОМ ТАРЕ ТУТАРЕ ТУРЕ СВАХА способна соединить вас с женским качеством любви и долгой жизни. Каждая из этих практик связана с определенной визуализацией, подробности которой можно найти в различных текстах. Любой человек с правильной мотивацией может получить некоторую пользу от повторения этих мантр; однако они более эффективны, если вы получили посвящение или прошли специальное обучение.

Энергетические центры или чакры – это еще один объект медитации, хотя в буддизме они обычно являются частью довольно продвинутых практик (известных как *стадия завершения*), которые обычно требуют завершения определенных предварительных практик. Выполнение этих практик новичком подобно строительству дома без прочного фундамента и вряд ли принесет большую пользу. Несколько не буддийских школ йоги пред-

Медитация при ходьбе сосредоточена на осознанности земли

лагают мощные методы активации чакр и могут быть очень эффективными для определенных типов людей. Однако, если вы нацелены на просветление, вам необходимо тщательно изучить, есть ли различия между буддистскими и йогическими взглядами, и спросить себя, какой путь принесет вам наибольшую пользу в долгосрочной перспективе.

Последнее, что следует учитывать, – это выбор объекта медитации (или нескольких объектов), который поможет развить концентрацию таким образом, чтобы её можно было интегрировать в повседневный опыт. Осознанность настоящего момента или практика открытого осознавания может быть очень практичным методом, так как ваш жизненный опыт будет отражать ваш опыт в медитации. Ежедневная работа также может стать формой медитации: часто вы замечаете состояние «потока», когда ваша работа не слишком скучна (что приводит к заторможенности) и не слишком сложна (что вызывает стресс и возбуждение). На самом деле Будда однажды сказал старой женщине, которая хотела медитировать, сохранять осознанность при каждом движении рук, когда она черпала воду из колодца, и это стало её ежедневной практикой.

Вы также заметите различные циклы в течение дня, когда одни объекты медитации могут быть более подходящими, чем другие. Если вы внимательно следите за естественными циклами тела, вы обнаружите, что разум и тело чередуют периоды движения (или расходования энергии) и покоя (восстановления энергии). В периоды движения эффективнее использовать объект медитации, который позволяет "направлять" ум в ясное русло, например, аналитическую медитацию, мантру или подсчёт дыханий. В периоды тишины вы можете отдать предпочтение более "восприимчивым" медитациям, поскольку ум естественно более спокоен, открыт и блаженен. Вы даже можете научиться медитировать в состояниях сновидения и глубокого сна, и это может привести к тому, что вы сможете поддерживать непрерывное осознавание днем и ночью.

V. СОЗДАНИЕ ПРАВИЛЬНЫХ УСЛОВИЙ

Чтобы семя превратилось в дерево, нам нужны различные условия, такие как плодородная почва, солнечный свет и дождь. Подобным образом, чтобы тренировать ум в медитации, нам нужны различные внешние и внутренние условия. Это включает в себя правильное место, правильную позу, правильное состояние ума или намерения и предварительные практики для успокоения ума.

(i) Правильное место

Во-первых, полезно подготовить место, способствующее практики медитации: тихое, чистое, свободное от беспорядка, благословенное и свободное от помех и отвлекающих факторов. Определенные места подходят разным видам практики: спокойная лесная обстановка, например, может помочь в развитии спокойствия и сосредоточения, а вот место с огромным открытым обзором может быть эффективным местом для взращивания прозрения. Хотя шумная среда или среда, содержащая множество отвлекающих факторов, может быть помехой для начинающих, если вы разовьёте хорошую практику медитации несмотря на такие трудности, это действительно может привести к большим достижениям.

Начиная медитировать, лучше всего придерживаться строгого графика и проводить занятия в одном и том же месте, концентрируясь на одном и том же объекте. Количество времени, которое вы проводите в медитации во время каждой практики, зависит от ваших способностей и настроения. Пять или пятнадцать минут на сессию – хорошее начало, а несколько раз в день – идеально.

(ii) Правильная поза

Также важно знать элементы позы, которые наиболее способствуют устойчивому уму, поскольку грубый ум временно связан с телом и находится под его влиянием, пока вы живы. Умственное развитие тоже временно связано с телом, пока вы не оставите его в момент смерти. Во всех буддистских практиках материальные вещи рассматриваются как полезное средство для достижения цели во время этого временного срока жизни. Тело, таким образом, подобно лодке, а медитирующий подобен пассажиру. Пассажир зависит от лодки при пересечении океана, и без лодки пассажир может утонуть или не достичь суши. Однако, как только пункт назначения достигнут, лодка больше не нужна.

Вы можете медитировать сидя, лежа, при ходьбе или стоя, и каждую из этих поз можно использовать формально или неформально.

Для сидячей практики следует использовать удобный стул с прямой спинкой и мягкой подушкой, либо медитационную скамью или подушку. Руки лежат вместе на коленях либо на бедрах, в то же время спина прямая, как стрела, а подбородок слегка втянут. Для лежачей позы, если ваш ум возбужден, вы можете лечь на спину с руками по бокам и открытыми ладонями (хотя вам следует избегать этой позы, если ваш ум притуплен). Чтобы поддерживать большую ясность ума, вы можете лечь на правый бок положив правую руку под лицо, ноги вместе со слегка согнутыми коленями и левой рукой вдоль левой стороны тела. Для ходьбы и стояния вам следует держать руки прямо перед собой, правая ладонь в левой, или можно переплести пальцы, если вы находите это трудным. Убедившись, что ваша осанка прямая, но расслабленная, руки следует опустить естественным образом.

Полезно в деталях знать элементы позы сидя, поскольку именно эта поза наиболее способствует эффективной медитации, которая необходима, если вы полны решимости достичь высоких состояний сосредоточения. Она состоит из семи особенностей и известна как семиточечная поза Будды Вайрочаны. Эти семь особенностей включают:

1. Ноги (скрещены)

В идеале ноги следует скрестить в *позе ваджры*, при этом левая ступня должна лежать на правом бедре, а правая ступня на левом бедре. Если эта поза слишком сложна, подойдет любая удобная поза со скрещенными ногами, однако учтите, что большей устойчивости и собранности можно добиться, если ягодицы подняты так, что бедра наклонены вперед. Поскольку наши тела очень чувствительны к окружающей среде, сидя на земле вы можете достичь ощущения великой энергии, связанной с необъятной землей под вами, поддерживающей или удерживающей вас. Хорошая поза со скрещенными ногами обеспечивает превосходный физический баланс, а также представляет собой баланс или союз метода и мудрости.

Не менее важно, чем правильная посадка, ощущать себя комфортно. Оптимальная поза сидя способствует развитию вашей медитации, однако сидеть комфортно означает, что вы будете меньше отвлечены в вашей медитации, и вы обнаружите, что телу намного легче расслабиться. Поэтому вы можете выбрать стул, сидя на котором ноги расслаблены, колени согнуты под прямым углом, а ягодицы плотно опираются на стул, при этом не забывайте держать спину прямой.

2. Руки (на коленях или в области живота)

Правая рука должна располагаться на левой ладонью вверх, мягко отдыхая на коленях или в области живота (для женщин более эффективным может быть вариант, когда левая рука сверху). Кончики больших пальцев слегка соприкасаются чуть ниже пупка. Положение рук выражает единение метода и мудрости в вашей практике. Следует ощущать расслабление от плеч до запястий и до рук, позволяя снять любое напряжение в верхней части тела.

3. Спина (прямой позвоночник)

Тело следует держать вертикально, как стрелу или стопку золотых монет, не наклоняя его в стороны, назад или вперед. Это оказывает огромный эффект на внутренние ветры, которые являются тонкими движениями энергии, циркулирующей внутри тела и ума, тесно связанные с дыханием и способные с большой эффективностью использоваться в некоторых продвинутых практиках. Прямая спина также помогает вашему уму оставаться бдительным и внимательным. Вы должны стараться чувствовать равновесие и ясность внутри своего тела от макушки до основания. Вы можете делать небольшие корректировки во время медитации, убеждаясь, чтобы ваша поза сбалансирована и прямая. Цель в том, чтобы оставаться спокойным, расслабленным и бдительным; быть жестким и зажатым – это помеха для осознанности.

4. Плечи и локти (отведены назад и слегка в стороны от корпуса)

Плечи и руки следует слегка отвести назад и немного согнуть, чтобы они были равномерно расположены по обе стороны тела, что помогает лёгким правильно расширяться и облегчает дыхание во время медитации. Локти должны оставаться слегка отведёнными от корпуса.

5. *Голова и шея (подбородок немного опущен)*

Голова не должна быть слишком высоко и не слишком наклонена вниз. Держите голову прямо и по центру, с немного опущенным подбородком и держа нос на одной линии с пупком. Старайтесь не сгибать шею в стороны или назад.

6. *Рот (лицо расслаблено и кончик языка касается нёба)*

Зубы и губы следует держать в естественном положении, зубы слегка касаются друг друга. Важно, чтобы лицо и челюсть были расслаблены и спокойны, что предотвращает чрезмерное глотание. Кончик языка мягко располагается за верхними зубами, что помогает сосредоточить ум и предотвращает сухость и слюнотечение. Если ум сильно возбужден и трудно достичь спокойного состояния, положение языка за нижними зубами может помочь расслабить и успокоить ум.

7. *Глаза (смотрят чуть выше кончика носа)*

Глаза не должны быть открыты слишком широко, не должны они и быть полностью закрытыми. Если они слишком широко открыты, вы можете легко отвлечься, а если они полностью закрыты, ваш ум может стать затуманенным или вялым. В начале, однако, держание глаз мягко прикрытыми может помочь вашему телу войти в более глубокое состояние расслабления. После медитирования подобным образом немного, вы обнаружите, что вы естественно стали более уравновешенными и захотите слегка открыть глаза. Кроме того, когда визуализируемый объект используется в качестве фокуса для медитации, или когда ум слишком возбужден, важно закрывать ваши глаза.

Существуют разные способы направления взгляда. Первый метод – это смотреть прямо перед собой на любой не слишком яркий цвет, или на приятный или священный объект, такой как цветок или изображение Будды. Второй (и более распространенный) метод – это направить глаза вниз, мягко и безмятежно глядя в пространство чуть впереди кончика вашего носа. Не фокусируйтесь слишком сильно, держите глаза неподвижно и позволяйте естественное моргание. Эти два метода подходят для новичков. Другие специфические методы медитации включают взгляд вверх с широко открытыми глазами в обширное пространство, что на самом деле может произойти естественным образом, когда ум достигает определенного уровня спокойствия и начинает возникать ясное прозрение. Другой метод, широко практикуемый в традиции Джонанг тибетского буддизма, заключается в медитации в совершенно темной комнате, глаза широко открыты и взгляд направлен вверх, фокус взгляда примерно в двенадцати дюймах перед лбом во всеохватывающую темноту.

Любой, кто упорно продолжает практиковать эту позу правильно, независимо от того насколько трудной или болезненной она может показаться поначалу, в конечном итоге обнаружит, что эта медитация чрезвычайно удобна и полезна для здоровья. Главная польза, однако, в том, что это поможет вашей практике медитации и умственному развитию в долгосрочной перспективе. Если вы не стремитесь к интенсивной практике и достижению шаматхи, может быть так же эффективно практиковать в любом положении, в котором вам удобно и легко расслабиться.

(iii) Правильное отношение

Существует множество "внутренних условий", необходимых для успешной практики медитации. Согласно учению Тхеравады, отречение является важнейшим условием, это означает признание истины страдания и рассмотрение медитации как инструмента для преодоления переживания своего страдания. Некоторые люди начинают медитировать держа это в уме, но все же забывают об этом намерении и удовлетворяются, когда их практика идет хорошо или их жизнь улучшилась. Будда сравнил это с человеком, который ищет сердцевину дерева, но вместо этого срезает ветви или кору, думая, что это и есть сердцевина.

В тибетской традиции, девятый Кармапа описывает четыре условия, необходимые для успешной медитации: отречение, опора на квалифицированного учителя Дхармы, не сектарное мировоззрение, и ум, свободный от ожиданий. Если вы следуете путем Махаяны, важно считать просветление других людей более важным, чем ваше собственное освобождение, помня об особой мотивации бодхичитты, и призывать поддержку Будды или своего учителя Дхармы. Вам также следует усилить эту мотивациею в конце своей практики, посвящая ее просветлению всех существ. Это гарантирует, что заслуга от вашей практики защищена и может возрасти; в противном случае, она может быть уменьшена или уничтожена негативными эмоциями.

В практическом смысле вам следует считать себя человеком "без истории", избегая участия в воспоминаниях о прошлом или будущем, а также о настоящих отвлечениях и ожиданиях. В частности, вам следует избегать мыслей о разочаровании, если ваша практика не идет хорошо, и избегать быть подверженными гордыне и азарту, если во время медитации вы столкнетесь с хорошими переживаниями.

(iv) Предварительная практика

Чтобы начать медитацию со спокойным и восприимчивым умом, полезно выполнить несколько предварительных практик, которые помогут вам достичь этого.

Первая из них – это краткая практика из тибетской традиции, называемая "выдыхание грязного воздуха", которая включает в себя визуализацию всех ваших нечистот и выдувания их с силой через ноздри. Это помогает удалить контрпродуктивные потоки энергии, связанные с привязанностью, отвращением и неведением, из тонкого тела. Поскольку дыхание и ум тесно связаны, эта практика является отличной отправной точкой для любой медитации.

Простая версия этой практики – это сделать три глубоких вдоха, каждый раз вдыхая в полость живота и задерживая на время, а затем с силой выдыхая через обе ноздри, при этом визуализируя, как все нечистые энергии, такие как похоть и ненависть, покидают ваш разум и тело. Это можно повторять в любое время во время медитации, если вы чувствуете, что теряете фокус.

Немного более обширная версия включает в себя девять вдохов. Сначала глубоко вдохните через правую ноздрю, зажимая левую ноздрю большим пальцем левой руки. Возможно, вам захочется зафиксировать положение левой руки, удерживая указательный палец левой руки на центре лба. Затем зажмите правую ноздрю средним пальцем левой руки и отпустите левую ноздрю, выдыхая через левую ноздрю. Повторите это три раза, а затем глубоко вдохните через левую ноздрю, продолжая зажимать правую ноздрю средним пальцем левой руки; затем зажмите левую ноздрю большим пальцем левой руки и отпустите правую ноздрю, выдыхая через правую ноздрю. Повторите это три раза. Наконец, положите руки обратно на бедра и глубоко вдохните через обе ноздри, а затем выдохните через обе ноздри. Снова повторите это три раза, сделав в общей сложности девять дыханий.

После этой дыхательной практики полезный последующий ритуал – это покачать телом из стороны в сторону и затем сознавать точки контакта и звуки вокруг вас. Сначала убедитесь, что ваш позвоночник прямой, и осторожно покачайте свое тело из стороны в сторону, при этом движения становятся все меньше и меньше пока вы естественным образом не придете в точку равновесия. Затем осознавайте места контакта между вашими ногами или ступнями и полом, вашими ягодицами и сиденьем, вашими руками и бедрами, а затем быстро убедитесь, что ваши живот, плечи, язык и челюсть расслаблены. Наконец, осознайте все звуки вокруг вас – перед вами, позади вас и по обе стороны, просто будьте восприимчивы и слушайте без какой либо реакции. Теперь вы готовы медитировать.

ГЛАВА 2

ДЫХАНИЕ КАК ОБЪЕКТ И СТАДИИ МЕДИТАЦИИ

Теперь я опишу, как использовать дыхание как объект медитации, и как это может постепенно привести к достижению шаматхи. Поскольку многие люди в современном мире живут в очень напряженной, будоражащей среде, чрезмерные размышления и волнения являются основными проблемами, которые нам необходимо преодолеть. Это часто связано с большим количеством «нервного напряжения», которое мы носим в теле. Медитация на дыхании – это прекрасный метод для устранения этих омрачений и, кроме того, именно этот метод медитации Будда преподавал чаще всего.

Используя дыхательную медитацию в качестве шаблона, я теперь опишу четыре прогрессирующие стадии: памятование настоящего момента, направление ума на объект, удержание ума на объекте и совершенствование ума (ведущее к шаматхе). В этой презентации рассматриваются девять последовательных состояний внимания в тибетской традиции, основанных на учениях Будды Майтрейи и Камалашилы, а также этапы дыхательной медитации, представленные в *Анапанасати-сутте* в традиции Тхеравады. На первых двух стадиях внимание акцентируется на расслаблении, тогда как третий этап акцентирует внимание на памятовании или устойчивости внимания. После достижения хорошего расслабления и устойчивости, на более поздних стадиях практики делается упор на бдительность или живость внимания

Возьмите дыхание в качестве объекта медитации.

Вы "достигли" определённой стадии, когда ваш опыт в медитации соответствует описанию этой стадии большую часть времени во всех ваших сессиях. Тем не менее, достигнутые состояния могут значительно отличаться от одного занятия к другому, поэтому важно корректировать метод в соответствии с состоянием ума. Если, например, ум гораздо более возбуждённый, чем обычно, полезно начать с самого начала, сначала устанавливая расслабленную осознанность тела, ощущений и ума с опорой на дыхание. Обычно можно быстро пройти начальные этапы, прежде чем достичь своей "обычной стадии", при условии, что вы помните о необходимости не спешить. "Внимательное терпение" – самый надёжный способ продвижения вперёд.

Помните также, что ваш путь медитации никогда не бывает фиксированным, и на определенном этапе вы можете решить что другой объект или метод медитации окажется более полезным. Например, когда вы достигнете определенного уровня сосредоточения, вы можете предпочесть медитировать с открытой осознанностью как объектом, использовать визуализацию и мантру или, возможно, потратить больше времени на изучение и аналитичсскую медитацию. Какой бы объект вы ни выбрали, стадии, ведущие к шаматхе по-прежнему применимы к вашей практике медитации.

I. осознанность настоящего момента с опорой на дыхание

Многим людям трудно сразу сосредоточиться на одном объекте медитации. Цель этой первой стадии – создать восприимчивое (но не реактивное) состояние ума, которое просто отмечает все внешние раздражители, не реагируя на них и не вовлекаясь. Кроме того, можно использовать дыхание, чтобы закрепить внимание, и сознательно расслаблять тело. Таким образом, можно быстро вызвать состояние ума, которое одновременно спокойно и бдительно, не слишком напряжено и не слишком расслабленно.

Что такое осознанность?

Буквально это означает, что ум "полон" всего, что он переживает. Это когда вы просто замечаете свой опыт и остаётесь присутствующим с тем, что есть, не размышляя о происходящем и не описывая его. Один учитель Тхеравады описал осознанность через пять характеристик:

1. Центральное осознавание настоящего момента.
2. Удерживание и направление внимания либо с открытым восприимчивым фокусом, либо с более сосредоточенным фокусом.
3. Осознавание без осуждения, отстранённое, не вовлекающееся в суждения, видение вещей такими, какие они есть, а не такими, какими мы их воспринимаем.
4. Восприимчивая способность, открытая всему спектру опыта без сопротивления или реакции, как спутниковая антенна, принимающая информацию.
5. Неличностное осознавание, не принимающее на свой счёт и не вовлекающееся в то, что замечено или осознано, включая все болезненные мысли, чувства и ощущения.

Чтобы развить памятование, вам сначала нужно сознавать различные элементы, из которых состоит ваш опыт. Это описано подробно в учении, известном как четыре основы памятования, из *Сатипаттхана-сутты*. Оно включает:

1. *Осознавание тела*
   Это включает в себя осознавание дыхания, понимание того,

когда вы делаете длинный или короткий вдох, осознавание движения дыхания и спокойствия, которое оно приносит всему телу. К этому также относятся: осознавание положения тела (осознавание того, когда вы идете, стоите, сидите или лежите), осознавание того, куда вы идете, осознавание того, как вы двигаетесь, едите, пьете и испражняетесь, осознавание, когда вы говорите и молчите, осознавание непривлекательных черт вашего тела, осознавание элементов, из которых состоит ваше тело, и осознавание смерти и непостоянства.

2. *Осознанность ощущений*

Это включает простое знание того, когда вы испытываете приятное ощущение, болезненное ощущение или нейтральное ощущение. Оно может возникать либо через контакт с пятью чувствами, либо через контакт с умственными объектами, включая восприятия, воспоминания, мысли и умственные образы. Более тонкие ощущения могут также возникать, когда ум спокоен, например, чувство блаженства или радости, пронизывающее тело.

3. *Осознанность состояний ума*

Это включает знание того, что ум с желанием – это ум с желанием, а ум без желания – это ум без желания. Аналогично, вы знаете, когда присутствуют гнев, неведение, сжатие, рассеянность и другие состояния, и когда этих состояний нет. Вы также знаете, когда ум сосредоточен и когда он свободен, и когда это не так.

4. *Осознанность явлений*

Это означает, что вы осознаёте все явления или содержимое ума. Оно может включать осознание сенсорных объектов, таких как звуки, визуальные объекты, вкусы, запахи и тактильные ощущения, а также умственных объектов, таких как воспоминания и размножающиеся мысли. При этом это также подразумевает понимание того, что природа таких явлений непостоянна, связана со страданием (или неконтролируема) и лишена собственного "я".

Таким образом, осознанность означает сознавать весь спектр переживаний, начиная с осознанности тела и распространяясь на чувства, психические состояния, сенсорные объекты и умственные объекты. Вы можете тогда обнаружить, что ваш ум может чувствовать себя "целостным", а не фрагментарным, бестелесным или поглощенным размышлениями. *Сатипаттхана-сутта* также утверждает, что вы должны созерцать все эти объекты как "возникающие, исчезающие, а также одновременно возникающие и исчезающие", а также "внутренние, внешние и одновременно внутренние и внешние". Это может дать дополнительную глубину вашей практике осознанности, помогая распространить ее на внешний мир и привести свой опыт в соответствие с Буддийским взглядом на реальность.

Осознанность, использующая дыхание как якорь

Хотя можно практиковать осознанность просто обращая внимание на все, что возникает в вашем опыте, может быть еще полезнее заякорить этот опыт с помощью осознавания дыхания. Для этого Будда преподал *Анапанасати-сутту*, чтобы показать, как осознавание дыхания может воплотить четыре основы осознанности, и как это может привести к освобождению.

В этой сутте даны инструкции для *шестнадцати дыханий осознанности*, которые являются быстрым и эффективным методом успокоения ума и в то же время – обретения ясной осознанности нашего переживания. Эти шестнадцать дыханий также относятся к шестнадцати стадиям сосредоточения, которые выполняются последовательно; однако здесь мы рассматриваем их вместе.

Чтобы начать эту практику, вам следует найти тихое место и принять правильную позу с выпрямленным телом, и быть внимательными, когда вы естественно вдыхаете и выдыхаете. Вы должны сказать себе или просто знать:

Глубоко вдыхая я сознаю долгий (или краткий) вдох,
выдыхая я сознаю долгий (или краткий) выдох
Коротко вдыхая, сознаю короткий вдох,
выдыхая сознаю короткий выдох
Вдыхая осознаю тело,
выдыхая осознаю тело
Вдыхая успокаиваю тело,
выдыхая успокаиваю тело
Вдыхая осознаю чувства,
выдыхая осознаю чувства
Вдыхая успокаиваю чувства,
выдыхая успокаиваю чувства
Вдыхая осознаю радость,
выдыхая осознаю радость
Вдыхая осознаю счастье,
выдыхая осознаю счастье
Вдыхая осознаю ум,
выдыхая осознаю ум
Вдыхая радую ум,
выдыхая радую ум
Вдыхая сосредотачиваю ум,
выдыхая сосредотачиваю ум
Вдыхая освобождаю ум,
выдыхая освобождаю ум
Вдыхая сознаю непостоянство,

> *выдыхая сознаю непостоянство*
> *Вдыхая сознаю угасание,*
> *выдыхая сознаю угасание*
> *Вдыхая сознаю освобождение,*
> *выдыхая сознаю освобождение*
> *Вдыхая отпускаю,*
> *выдыхая отпускаю*

Повторяйте этот цикл дыхания снова и снова, замечая, как ваш ум и тело становятся спокойными, ясными и присутствующими. Поначалу полезно повторять эти инструкции про себя в то время, как вы вдыхаете и выдыхаете, и размышлять над каждой темой, когда делаете это, особенно – над непостоянством. Вы можете думать, например, как так – нет постоянного "себя" в вашем теле, в чувствах или в уме, как так, что каждое из них имеет "страдание" или неконтролируемую природу и как так, что нет "я", которое контролирует то, что происходит. В конечном счете вы сможете отпустить это и "просто знать", что вы осознаете все эти различные элементы, пока вы дышите, входя в более восприимчивое состояние осознанности. Затем, когда ваш ум начнет блуждать или теряет интерес, вы можете вернуться к молчаливому повторению инструкций, возможно в сжатой форме, используя два, четыре или восемь осознанных дыханий. Чередуя таким образом, вы сможете поддерживать хорошее сосредоточение после некоторой практики.

Дыхание как "якорь" осознанности – это то, к чему вы всегда можете вернуться, если у вас возникнут трудности в медитации или в повседневной жизни. Это подобно пляжу. Трудные ситуации, возникающие в медитации или в жизни, подобны волнам в океане, однако, если вы знаете, как вернуться на пляж, вы избежите быть унесенными в море или быть выброшенными большими волнами. Вы можете легко вернуться к этой практике в повседневной жизни, поскольку вы все время дышите и учитесь ассоциировать осознанность с дыханием. Во время перерывов в вашей обычной деятельности, вы можете сделать несколько глубоких вдохов и сознательно привести себя в расслабленное, бодрое состояние, которое вы развили во время формальной медитации.

II. направление ума на объект медитации (как водопад, каскадом ниспадающий со скал)

Взращивая прежде всего осознанность настоящего момента, вы обнаружите, как бдительный ум может сосуществовать с расслабленным телом. Далее, чтобы развить более сфокусированный тип сосредоточения, вы можете сконцентрироваться на более узком поле внимания. Если бы вы сначала сфокусировались на единичном объекте, очень вероятно, что вы бы зажимали свой ум и тело, усиливая любое ранее существовавшее напряжение. Это особенно верно в современном мире, где люди часто накапливают много напряжения в своих телах.

Согласно *Анапанасати-сутте*, наиболее эффективный способ начать эту практику – это просто наблюдать за дыханием, чтобы понять, долгое оно или короткое. Для этого говорите себе:

Вдыхая я сознаю краткий (или долгий) вдох,
выдыхая сознаю краткий (или долгий) выдох.
Вдыхая сознаю долгий (или краткий) вдох,
выдыхая сознаю долгий (или краткий) выдох.

Ключом к медитации на этом этапе является поддержание расслабленного состояния ума, а самое большое препятствие с которым вы столкнетесь – это тенденция вашего ума *контролировать* дыхание. Поэтому эта инструкция позволяет вам поддерживать близкое осознавание естественного потока дыхания, но в то же время удерживаться от контроля. Отпускание тенденции контролировать ваше дыхание (просто замечая, когда оно останавливается само по себе) помогает вам расслабиться, при этом направление внимания на длину дыхания повышает вашу бдительность.

Сутта не уточняет, где именно нам следует фокусироваться на дыхании. Чтобы достичь расслабления, полезно осознавать дыхание по всему телу, и все же вам может показаться более естественным фокусироваться на определенной области, такой, как грудь или живот. По мере того, как вы начнете сознавать "дыхание" всего тела, ваше восприятие дыхания станет более тонким. Это известно как внутренний ветер, который иногда ощущается как энергетические потоки, распространяющиеся по телу. Вы можете визуализировать это тонкое дыхание, циркулирующее вокруг вашего тела, проходящее через каждую часть по очереди, или вы можете представить, что все ваше тело выдыхает и вдыхает, как будто волна дыхания путешествует через ваше тело. Вы также можете помочь своему телу расслабиться, поместив язык за нижние зубы и замедлив выдох. Тем не менее, если этим методам не удается успокоить ваш ум, возможно, что есть область напряжения в определенной части вашего тела, вероятно, связанная с определенными болезненными эмоциями. В этом случае это может быть полезным фокусировать ваше дыхание именно на этой области, наблюдая за всем, что возникает, и расширяя дыхание вокруг этой области.

Другая техника на этом этапе – это подсчет дыхания, по одному счету на каждое дыхание. Одним методом является повторение "один, один, один…" на протяжении одного вдоха и выдоха, а затем "два, два, два…" на протяжении следующего цикла дыхания, повторяя это на протяжении в сумме десяти дыханий перед подсчитыванием в обратном порядке от десяти до одного. Альтернативный метод – это считать "один" после того, как вдох прекратился, с последующим "два" после того, как прекратился выдох, так же повторяя это до десяти раз. Другой метод, используемый в тайской традиции, заключается в повторении мантры *Буддха* с дыханием: *Буд* со вдохом и *Дха* с выдохом.

Этот этап медитации на дыхание примерно соответствует двум первым ступеням внимания в тибетской системе, где основной задачей является понимание инструкций по медитации и достижению расслабленного состояния:

1. *Помещение ума на объект*

   Вначале поддержание ума зафиксированным на объекте требует больших усилий. Ваша способность оставаться зафиксированными на объекте является поначалу довольно ограниченной и будут лишь короткие моменты, когда вы сможете это сделать. Может казаться, что ваш ум еще более тревожен, чем до того как вы начали, и вы чувствуете, что ваши сбивчивые мысли увеличиваются. Однако, это скорее всего означает, что впервые вы начинаете осознавать обычное состояние ума, что является первым достижением.

   Эта первая стадия достигается благодаря *способности слышать* или слушать инструкции учителя о методе медитации и о том, какой объект выбирать. Это достигнуто, когда вы можете направить ум на желаемый объект медитации хотя бы на секунду или две. Если вашим объектом является дыхание, этого можно достичь с первой попытки, хотя если это сложная визуализация, достижение этого может занять несколько недель.

2. *Непрерывная фокусировка*

   Периоды отвлечения все еще длиннее, чем периоды сосредоточения, но периоды, в течение которых вы можете удержаться на объекте, становятся более частыми. Ум становится более стабильным, и вы можете иногда поддерживать непрерывный фокус примерно от одной до пяти минут, и у вас появляется ощущение, что сбивчивых мыслей становится меньше. Эта стадия достигается за счет *силы отражения*. Вы способны зафиксировать ум на объекте, но все равно нужно с пониманием вспоминать инструкции снова и снова.

Эти первые два уровня нацелены на направление ума на объект, и поэтому необходимо тщательное вовлечение в практику. С другой стороны, более поздние стадии направлены на удержание ума. Основные недостатки, которые необходимо преодолеть на этих двух уровнях, это лень, особенно – неспособность внимательно слушать инструкции, и забывание об объекте медитации.

На этой стадии движение мыслей через ум уподобляется водопаду, льющемуся каскадом по скалам; это не означает, что количество наших мыслей увеличивается, а скорее то, что мы впервые узнаем о них.

III. удерживание ума на объекте медитации (уподобляясь реке, текущей через ущелье)

На предыдущей стадии вы начали переживать непрерывную концентрацию на дыхании, направляя ваше внимание на осознавание его длины или на счет дыхания, в то время как тело становится все более и более расслабленным. Когда вы разовьете некую устойчивость с помощью этого метода, вы сможете просто позволить вашему вниманию течь вместе с дыханием, следуя за ним на всем его протяжении. Вы таким образом позволяете своему уму быть поглощенным дыханием от первого момента вдоха до последнего момента, замечая промежуток между ними, а затем следуя за выдохом от начала до конца. В этом случае с вашим уже достаточно расслабленным телом, вы начинаете развивать непрерывную осознанность, а затем – и бдительность. Согласно данной сутте, вам следует просто знать:

*Вдыхая (я) сознаю все тело (дыхания),
    выдыхая сознаю все тело (дыхания).*

Эту инструкцию обычно принято относить к продолжительности дыхания, хотя некоторые интерпретируют ее так, что вам следует осознавать дыхание, проходящее через все ваше тело. Как и на предыдущем этапе, вам следует сфокусироваться на дыхании там, где это происходит естественно, смещая фокус ниже, если вам нужно больше расслабиться (например, на животе), и перемещая его выше, если вам нужно повысить бдительность (например, на кончике носа). В то же время, однако, вам следует сохранять периферическое осознавание всего тела в то время, как вы дышите.

Цель этой стадии – стать настолько погруженным в дыхание, что вы не будете отвлечены звуками, видами или даже комфортными ощущениями в теле. Особенно, если вы устали, ум может стать неясным. В такой момент требуется бдительное усилие, чтобы усилить фокус и ясно улавливать каждый момент дыхания.

3. *Метод постепенного возвращения внимания (прерывистое удержание)*

На этой стадии вам становится известно об отвлекающих факторах вашего сосредоточения и вы развили способность возвращать ум к объекту медитации с усилием посредством *силы осознанности.* Вы можете возвращать внимание к объекту, как только оно отвлеклось, словно накладывая заплатку на ткань. Таким образом вы восстанавливаете концентрацию и можете оставаться сосредоточенным без перерывов, обычно около пяти-десяти минут. Так вы начинаете развивать осознанность и продвигаетесь к настоящей медитации, поскольку ваше внимание в большинстве времени почти во всех сессиях сосредоточено на объекте.

Достижение даже этой третьей стадии – большое достижение, и может существенно повлиять на вашу способность управлять умом в повседневной жизни.

4. *Близкая фокусировка*

На этом этапе ваше внимание настолько сильно, что ум никогда полностью не теряет фиксацию на объекте, и грубое возбуждение больше не является препятствием. Ум сужает внимание с широкого диапазона вещей к более узкому фокусу. Вы способны удерживать объект непрерывно, но всё ещё необходимо развивать всё более высокий уровень ясности и интенсивности, а также справляться с тонким возбуждением, когда часть ума отвлекается от объекта концентрации, но не теряется полностью. На этом четвёртом этапе достигается сила осознанности, и вы можете удерживать объект концентрации с такой стабильностью, что легко возвращаетесь к нему всякий раз, когда отвлекаетесь. Однако нужно следить, чтобы эта стабильность не происходила за счёт расслабления. Поэтому всё ещё может потребоваться применение техник для расслабления ума, чтобы справиться с тонким возбуждением, например, удерживание языка за нижними зубами.

5. *Дисциплинирование ума*

Теперь мы развили способность преодолевать грубые вялость и возбуждение, и развивается наблюдательность или *бдительность* ума. Препятствием, которое нужно преодолеть на этой стадии, является тонкая притупленность или проваливание, которое возникает из-за того, что отстраненность ума от посторонних объектов зашла слишком далеко. Чтобы преодолеть это, требуется большая дисциплина и усилия. Существует серьезная опасность в неспособности распознать тонкую притупленность или проваливание, которое маскируется под устойчивое и мирное состояние ума, и вам необходимо устранить это препятствие посредством напряжения вашей осознанности с повышением бдительности. Это может оказаться сложным, однако, – преодолеть тонкую притупленность без подрыва стабильности, и иногда это может быть довольно деликатной балансирующей работой. На этом этапе нам необходимо взращивать возвышенный ум через вдохновение, например, вспоминая хорошие качества шаматхи или учений Будды. Также может помочь поднять объект медитации и сделать его меньше или четче, а также убедиться, что язык теперь покоится за верхними зубами.

На этом этапе непроизвольные мысли продолжают возникать, но уже вместо водопада они уподобляются реке, плавно текущей по ущелью. Все еще есть небольшое сопротивление практиковать, хотя результаты наших усилий обычно вполне очевидны.

IV. совершенствование ума (подобно реке, медленно текущей по долине)

Достигнув постоянной осознанности дыхания с высоким уровнем дисциплины, вам затем необходимо его успокоить. Если вы перейдете к этому шагу слишком рано, вы можете стать жертвой вялости и сонливости. Поэтому вы должны убедиться, что завершили предыдущую стадию, захватывая все дыхание, прежде чем пытаться его успокоить, словно вы должны сначала поймать дикую лошадь прежде чем сможете ее приручить.

Поэтому сутта дает указание:

Вдыхая (я) успокаиваю тело (дыхания),
выдыхая успокаиваю тело (дыхания).

Здесь могут возникнуть трудности, потому что мы использовали значительную силу воли, чтобы достигнуть предыдущей стадии, тогда как сейчас требуется мягкое и настойчивое отпускание. Это может быть тонко балансирующей работой, здесь может помочь то, что снизит упор на дыхание и снова уделит больше внимания расслаблению тела.

Затем сутта продолжает:

Вдыхая осознаю радость,
выдыхая осознаю радость
Вдыхая осознаю счастье,
выдыхая осознаю счастье

Это относится к возникновению радости и счастья (*пити* и *сукха* на пали) когда дыхание успокаивается, подобно золотому свету рассвета, возникающему на восточном горизонте. Теперь вы развиваете полностью устойчивое внимание к "прекрасному дыханию", и остаются только следы дискурсивной мысли. Когда вы можете оставаться с этим объектом легко в течение длительного времени и испытываете огромное количество радости и счастья, ум становится очень сосредоточенным, и вы можете переходить к следующему шагу.

Следующая стадия, согласно сутте, – это:

Вдыхая осознаю ум,
выдыхая осознаю ум

На этой стадии ваше внимание настолько утонченно, что дыхание как будто полностью исчезает и заменяется более тонким приобретенным ментальным знаком известным как *нимитта*. Чувство осязания (физическое ощущение дыхания) отключается, и теперь вы ощущаете дыхание как чисто ментальный объект, воспринимаемый, например, как белый свет, голубая жемчужина или, возможно, ощущение восторга. Это похоже на полную луну (ум), выходящую из-за облаков (мир пяти чувств). Этот тонкий объект затем становится фокусом вашей медитации и проводит вас через высшие стадии внимательности.

Аджан Ча уподобляет появление этого знака робкому животному, которое подойдет близко к вам, если вы абсолютно неподвижны. Аналогично, если вы абсолютно неподвижны, нимитты проявляются, и только если вы продолжаете оставаться абсолютно неподвижными, они остаются. Другое сравнение – это темная комната, в которой вы со временем можете видеть формы, когда ваши глаза привыкнут к темноте. Таким же образом, нимитта постепенно проявляется из бесформенной тишины, когда дыхание "исчезло".

Следующие две строки сутты учат нас, что делать, если возникают тонкие формы притупленности и возбуждения во время, когда вы сфокусрованы на нимитте:

Вдыхая радую ум,
выдыхая радую ум
Вдыхая сосредотачиваю ум,
выдыхая сосредотачиваю ум

Возможно, ваше переживание нимитты тусклое или пятнистое, может потому, что ваша ментальная энергия низка. Противоядием является привносить больше радости в медитацию и переживать этот ментальный объект более полно. Вы можете пристальнее сфокусироваться на центре нимитты, заострить свое внимание или, возможно, вернуться на предыдущую стадию, фокусируясь на прекрасном дыхании. Вы можете также усилить свою радость, вспоминая о Трех Драгоценностях, или вспоминая о пользе таких добродетелей, как любящая доброта.

Если, с другой стороны, появление нимитты нестабильно, вы должны убедиться, что ваш ум совершенно спокоен и сосредоточен. Это означает не только поддержание образа неподвижным, но и поддержание неподвижным познающего, того аспекта ума, который "видит" образ. Когда нимитта возникает впервые, вы можете испытать страх или волнение, точно так же, как при первой встрече с незнакомцем. Точно так же, как вы учитесь расслабляться в компании незнакомцев, по мере того, как вы узнаете их, вы можете научиться немного расслаблять ум и оставаться в текущем моменте с прекрасной нимиттой.

Существуют две стадии внимательности, которые соответствуют таким стадиям медитации на дыхание:

6. *Умиротворение ума*

Тонкая притупленность была преодолена во время предыдущей стадии (хотя следы все еще остаются), и теперь существует опасность чрезмерного оживления ума. Это приводит к возникновению тонкого волнения или возбуждения, которое необходимо умиротворить. На этой стадии осознанность и бдительность становятся более интенсивными, очищаясь, благодаря непрерывному вниманию, и тонкое возбуждение преодолевается. У вас может быть привычка расслаблять ум всякий раз, когда появляется легкое возбуждение; иногда это может быть необходимо, хотя на этом этапе вам также необходимо повысить бдительность и напрячь ум, чтобы преодолеть его.

На пятой стадии тонкая притупленность преодолевается силой *вдохновенной бдительности*, и сейчас, во время шестой стадии, развивается более сильная способность, известная как завершенная бдительность. Это позволяет преодолеть тонкое возбуждение, хотя оно и не устранено полностью. Качество внимания таким образом становится подобным чистому радиоканалу без каких-либо посторонних шумов и помех. На этой стадии вы больше не испытываете сопротивления практике медитации, и ваши сессии могут длиться час или больше.

7. *Полное умиротворение ума*

С вдохновением и настойчивостью завершенная бдительность получает дальнейшее развитие, так что оставшиеся следы тонкого проваливания и возбуждения устраняются и затем исчезают совсем. Так вы сможете избежать тонкого проваливания и возбуждения, как только они будут созданы *силой полного энтузиазма усердия*. Таким образом, как только наступает проваливание, вы пробуждаете свое внимание, а когда возникает возбуждение, вы слегка расслабляетесь. Эти колебания внимания таким образом быстро распознаются и легко устраняется довольно мягкими корректировками.

v. объединение ума (словно океан, не возмущаемый волнами)

Практика осознавания дыхания теперь переключилась на осознавание прекрасного устойчивого ментального знака, или нимитты. Преодолев почти все следы притупленности и возбуждения, медитация теперь протекает гладко и без усилий. Вы учитесь полностью доверять своему опыту и оставаться погруженным в объект, пытаясь оставить весь контроль, так как интенсивная красота нимитты удерживает ваше внимание без вашей помощи. Вы просто наслаждаетесь поездкой, поскольку ваше внимание притянуто к центру или свету, который расширяется и окутывает вас.

Продолжая пример с робким животным, которое приближается к вам только тогда, когда вы неподвижны, вы замечаете, что если вы еще спокойнее, то возникает больше животных. Сначала возникают только обычные животные, но теперь появляются странные и чудесные животные. Подобно этому возникают дальнейшие нимитты, которые ведут вас на еще более глубокие уровни медитации. В частности, более тонкий ментальный знак, известный как двойник (*патибхага нимитта*), появляется на определенном этапе, как бы вырываясь из полученного знака. Он гораздо более очищен, хотя и не имеет ни цвета, ни формы. Появление этого знака соответствует достижению шаматхи. Заключительные этапы практики Анапанасати Будды относятся к опыту джана медитации и прозрению, которые обсуждаются далее.

Это описание является соответствием двум финальным состояниям внимания, которые ведут непосредственно к шаматхе, десятой стадии:

8. *Однонаправленность*

На этой стадии вы развиваете особую спонтанную способность однонаправленно фиксироваться на объекте так долго, как вы пожелаете. Требуется лишь небольшое усилие в начале медитации, и затем вы можете плыть по инерции с практикой без прерывания и без дальнейших усилий. Поэтому легкие проваливание и возбуждение устраняются с небольшим усилием посредством силы усердия полного энтузиазма. На этой восьмой стадии вы постигаете *непрерывную вовлеченность*, что означает, что ум может фокусироваться с непрерывным погружением на объекте сосредоточения. Это отличается от предыдущих стадий, где все они достигаются при прерывистой вовлеченности.

На этой стадии вы можете поддерживать высоко сфокусированное внимание примерно в течение трех часов или около, и ваш ум по-прежнему подобен океану, недвижимому волнами, колеблющемуся лишь редкой рябью.

9. *Равновесие ума*

На девятой стадии происходит естественное вхождение и пребывание в глубокой медитации. Ум помещает себя на объект самостоятельно, без усилий и спонтанно. Это достигается за счет силы завершенного ознакомления и спонтанной вовлеченности. Ум теперь совершенно умиротворен, и возникновение легкой притупленности и возбуждения даже невозможно, и вы можете поддерживать безупречное сосредоточение в течение как минимум четырех часов. Однако, если вы приостановите практику, то притупленность и возбуждение все равно могут разрушить ваше состояние внимательного баланса, так как не были полностью устранены.

Достижение этой девятой стадии внимательности является высшим достижением в "сфере желаний", которая описывает ментальное состояние человека. Это естественным образом ведет к постижению шаматхи.

10. *Достижение шаматхи*

Когда шаматха действительно достигнута, происходит радикальное преобразование тела и ума, и вы ощущаете себя, как бабочка, вылетающая из кокона. На этой стадии ваш ум вышел за пределы сферы желания и вы получили доступ к сфере формы – тонкому измерению сознания, которое превосходит область физических ощущений.

Этот сдвиг характеризуется особыми переживаниями, происходящими за короткий промежуток времени. Во-первых, мощный ветер входит через вашу макушку и растворяется по всему телу, и вы чувствуете, будто вы наполнены силой блаженной подвижной энергии. Ваше тело и ум теперь насыщены особым типом гибкости, делая тело оживленным и освобожденным от физического недуга, и наполняя ум всепоглощающим чувством радости. У вас появляется чувство полной свежести и возросших умственных способностей, ваш ум таким образом становится подобным масляной лампе, недвижимой ветром, покоящейся ярко и ясно, непоколебимой чем-либо.

Как только вы достигли шаматхи, вы можете входить в это состояние по желанию и медитировать столько, сколько пожелаете, без перерыва, и вы даже можете выжить без таких базовых потребностей, как еда, питье или сон. Во время медитации ваше внимание полностью отвлекается от физических чувств, рассудочных мыслей и умственных образов, хотя вы можете заранее задать себе сигнал, чтобы выйти из медитации по истечении определённого времени. Однако омрачения полностью не исчезают, и сильные эмоции всё ещё могут проявляться при определённых условиях. С другой стороны, если вы способны искренне отречься от мирских забот и желаете достичь свободы от страдания, вы можете использовать шаматху как инструмент для достижения прямого понимания истины непостоянства, страдания и бессамостности. Это может привести к полному устранению всех омрачающих эмоций и психических состояний, поскольку когда вы осознаете, что никакого "себя" не существует, этим состояниям ума не за что будет держаться. Это – нирвана.

VI. краткое изложение пути шаматхи

Традиционно девять ступеней внимательности, ведущих к шаматхе, изображаются в виде слона, обезьяны и монаха, как показано ниже. Пять символов представляют пять объектов чувств, объектов возбуждения ума. Черный слон символизирует грубую умственную вялость, черная обезьяна представляет грубое возбуждение, а монах символизирует медитирующего.

*Прогрессивных стадий развития ума: шесть сил изучения,
созерцание, память, понимание, усердие и совершенство*

Поначалу черная обезьяна имеет полный контроль над слоном, что означает, что вы естественно управляемы отвлекающими факторами. Вначале монах очень усердно работает, пытаясь взять ум под свой контроль, и огонь символизирует огромное усилие, которое для этого требуется. При настойчивом усилии монах постепенно начинает контролировать слона, и таким же образом, при интенсивной дисциплине вы начинаете преодолевать возбуждение. Слон становится белее, это значит, что грубая притупленность постепенно искореняется усилиями медитации. Однако в этот момент небольшой черный заяц появляется на вершине слона, символизируя тонкую вялость. Прилежно продолжая практику медитации, вы прибываете на следующую стадию, на которой обезьяна потеряла контроль над слоном, но все еще иногда пытается его перебивать. Это означает, что вы лишь изредка испытываете трудности с возбуждением и умственной вялостью.

Постепенно обезьяна мешает все меньше и меньше, а монах получает все больший контроль над слоном. Слон становится белее, пока не становится полностью белым. В этот момент обезьяна больше не может управлять слоном вообще. Наконец, вы достигаете стадии, когда ваш ум полностью успокоен, и вы можете полностью контролировать свой ум, а не быть ведомыми эмоциями. Это представлено медитирующим монахом, в то время как слон полностью умиротворен. Выше этой стадии, мы видим монаха, медитирующего сидя на слоне. Мы также видим две радужные линии, исходящие из сердца монаха, которые символизируют развитие сверхъестественных сил после овладения медитацией шаматхи. Теперь вы обрели способность фокусировать однонаправленный ум на развитии медитации прозрения, или випашьяны. В зависимости от того, каким путем вы следуете, вы можете затем продвигаться через различные стадии углубления прозрения, пока наконец не достигнете просветления.

Согласно традиции Тхеравады, достижение шаматхи, используя дыхание как объект, приводит вас на порог переживания джхан – состояний сосредоточения, которые являются еще более выдающимися и мощными, и такие ведут напрямую к прозрению. Будда резюмировал этот путь, заявляя, что осознанность дыхания была "одной вещью, которая, будучи развитой и взрощённой, воплотила бы четыре вещи" – четыре основы осознанности. Эти четыре основы описываются как "четыре вещи, которые, если их взращивать, воплотят семь вещей. Это – *семь факторов просветления*: осознанность (памятование), исследование, различение, усилие, радость, спокойствие, сосредоточение и равновесие ума. Эти семь факторов затем были описаны как "семь вещей, которые – если развиты и взращены – воплотили бы две вещи": истинные знание и освобождение.

В текстах говорится, что обычно требуется по меньшей мере от шести до двенадцати месяцев постоянной практики для достижения шаматхи, хотя срок значительно разнится среди людей. В традиции Джонанг тибетского буддизма человек практиковал бы в темной комнате с целью достижения шаматхи и для лучших медитирующих это заняло бы всего лишь сто дней. Однако, обычно необходимы определенные подготовительные практики чтобы заниматься этой тантрической практикой, поскольку она является достаточно продвинутой.

ГЛАВА 3

ПОМЕХИ В ПРАКТИКЕ МЕДИТАЦИИ

Знание препятствий для практики медитации необходимо, чтобы понять текущее состояние вашего ума и узнать, как преодолевать контрпродуктивные эмоции и ментальные состояния. Препятствия, возникающие во время медитации, являются теми же, что и препятствия, возникающие в повседневной жизни, и научившись их преодолевать, вы развиваете очень полезный навык. Сознавание препятствий также может помочь вам "начать там, где вы находитесь" и иметь более реалистичные ожидания от своей практики, признавая, что потребуется время для изменения определенных привычек, приобретенных за время жизни. На более продвинутом уровне, это может помочь вам точно определить, какой стадии вы достигли на пути медитации, и как вам двигаться дальше.

В традиции Тхеравады описаны пять препятствий: чувственное желание, злость, беспокойство и угрызения совести, а также неуверенность (или сомнение). Каждое из них можно преодолеть с помощью определенных средств, и они полностью устраняются на определенных продвинутых стадиях медитации. Традиция Махаяны, между тем, говорит о пяти ошибках в практике медитации, которые происходят в различной степени во время девяти ступеней внимательности и которые преодолеваются применением восьми соответствующих противоядий (антидотов). Сначала я опишу пять препятствий, а затем объясню пять ошибок и противоядия (антидоты) к ним. Затем следует описание пяти методов устранения отвлекающих мыслей в соответствии с традицией Тхеравады.

5 препятствий практике медитации

I. ПЯТЬ ПРЕПЯТСТВИЙ

Пять препятствий постепенно ослабляются и в конце концов устраняются по мере вашего продвижения по курсу медитации. Когда вы начнёте медитировать и обнаруживаете, как на самом деле шумен ваш ум, они могут полностью завладеть вашей практикой. Однако, по мере развития вашей практики они постепенно утихают, и вы обнаружите ум, который естественно спокоен и ясен.

Эти пять препятствий таковы:

1. *Чувственное желание*

Это похоже на спокойный лесной пруд, смешанный с цветной глиной. Если бы вы попытались рассмотреть в этом водоёме своё отражение, вы бы не узнали его и не увидели чётко. Точно так же, пребывая в уме, охваченном чувственным влечением, и не зная, как выбраться из этого состояния, вы не можете видеть реальность такой, какова она есть, и не способны принести пользу себе или другим.

Чувственное желание относится не только к неконтролируемому влечению, но и к привязанности к объектам пяти чувств: привлекательным визуальным образам, звукам, запахам, вкусам и тактильным ощущениям. Ключ к преодолению этого препятствия – это отказываться от него понемногу. Сначала вы можете научиться быть внимательными и восприимчивыми к объектам чувств не реагируя на них, и постепенно вы будете менее склонны быть отвлеченными или 'увлеченными' этими объектами во время медитации и в повседневной жизни. Человек с большим количеством чувственных желаний также может получить пользу от медитировании на отталкивающих частях тела. Также может быть полезно сознавать, что величайший вид блаженства или экстаз, к которому мы часто стремимся в чувственном желании, может быть найден только тогда, когда мы отпускаем все желания, как в глубокой медитации.

2. *Недоброжелательность*

Это похоже на спокойный лесной пруд, нагреваемый снизу, в котором всё бурлит и кипит. Если бы вы попытались рассмотреть в этом водоёме своё отражение, вы бы не узнали его и не увидели чётко. Точно так же, пребывая в уме, одержимом недоброжелательностью, вы не можете видеть реальность такой, какова она есть, и не способны принести пользу себе или другим.

Лекарством от недоброжелательности является медитация на любящую доброту или метту. Недоброжелательность может быть направлена на себя, на другого человека или на объект медитации. Недоброжелательность по отношению к самому себе часто связана с чувством вины, необоснованными ожиданиями от себя, или взрослением в среде, в которой не хватало сострадательной любви. Может помочь направить любящую доброту на образ маленького, невинного ребенка, олицетворяющего чистоту вашей истинной природы. Вы можете противодействовать недоброжелательности по отношению к другим таким же образом, вспоминая, что каждый ищет счастья, как и вы, и расширить свой круг метты, включая и тех, кто близок, и тех, кто далек. Медитация может показаться тяжелой работой, если вы испытываете неприязнь к своему объекту, поэтому может быть полезно рассматривать его как дорогого друга, учась любить и ценить его так, как вы бы относились к своему единственному ребенку.

3. *Вялость и сонливость*

Это сравнивается с тихим лесным прудом, покрытым мхом, водорослями и слизью. Если бы вы попытались увидеть своё отражение в этом пруду, вы бы не узнали его и не увидели ясно. Аналогично, пребывая в состоянии заторможенности и сонливости, вы не видите реальность такой, какая она есть, и не можете принести пользу себе или другим.

Ключ к преодолению вялости – сначала примириться с ней и перестать с ней бороться, иначе ум имеет тенденцию бешено колебаться между вялостью и возбуждением. Если вы находитесь в расслабленном состоянии и начинаете скатываться в вялость, важно напрячь ум, поднимая свою бдительность, как будто вы идете по краю утеса. Вы также можете поразмышлять о имеющейся у вас драгоценной возможности развить свой ум с помощью практики медитации или других вдохновляющих тем. Однако, если вы все еще чувствуете усталость, лучше всего просто отдыхать а не форсировать медитацию. Иногда проблемой может оказаться не вялость, а скорее недоброжелательность, поскольку мы склонны спасаться в вялости, если нам не нравится то, что мы делаем.

4. *Беспокойство и сожаление*

Это сравнивается с тихим лесным прудом, взбудораженным ветром, с рябью, вихрями и маленькими волнами. Если бы вы попытались увидеть своё отражение в этом пруду, вы бы не узнали его и не увидели ясно. Аналогично, пребывая в уме, охваченном беспокойством и угрызениями совести, вы не видите реальность такой, какая она есть, и не можете принести пользу себе или другим.

Беспокойство преодолевается путем развития внутреннего чувства удовлетворенности, свободного от ожиданий и счастливого быть неподвижным и тихим. Также может помочь ослабить напряжение в медитации и гарантировать, что тело расслаблено. Сожаление связано с беспокойной совестью, и в этом случае ему можно противодействовать, прощая себя и учась на своих ошибках, зная, что все совершают ошибки. Дополнительные средства от возбужденного состояния ума будут описаны позже.

5. *Неуверенность или сомнение*

Это препятствие возникает, когда вас мучает нерешительность, неспособность определиться с планом действий и довести его до конца. Это относится к неуверенности в учении Будды, учителе или в себе. Это можно сравнить с тихим лесным прудом, неспокойным и илистым, и мутным. Опять же, если бы вы должны были рассмотреть отражение своего лица в этой луже, вы бы не узнали его и не увидели бы ясно. Аналогично, пребывая в уме, переполненном неуверенностью, вам не удастся увидеть реальность такой какая она есть, и вы не сможете принести пользу себе или другим.

Неуверенность в учениях Будды может быть преодолена их изучением и размышлением о пользе следования им. Изучая и практикуя их, а также ища поддержки у духовных друзей, вы можете обрести ясность ума и веру, основанную на доводе и прямом опыте. Неуверенность в учителе, тем временем, преодолевается путем тщательного изучения, прежде чем прийти к заключению, что он заслуживает доверия. Сомнение в себе, тем временем, можно преодолеть с помощью решимости и искусного руководства; однако вы должны знать, что это часто сосуществует с другими препятствиями, такими, как вялость или недоброжелательность по отношению к себе.

Что, если через практику вы сможете преодолеть все эти препятствия? Это можно сравнить с тихим лесным прудом, вода в котором не смешана с цветной глиной, не пузырится и не кипит, не покрыта мхом и тиной, не разболтана ветром и не мутная и грязная, а, скорее, чистая, безмятежная и спокойная; тогда, если бы вы должны были рассмотреть отражение своего лица в этом пруду, вы бы ясно узнали его и увидели таким, какое оно есть. Точно так же, когда вы достигнете состояния ума, которое больше не одержимо чувственным желанием, недоброжелательностью, вялостью и сонливостью, беспокойством и сожалением или неуверенностью, вы увидите реальность такой, какая она есть, и достигнете своего собственного блага и блага для других.

II. ПЯТЬ ОШИБОК И ВОСЕМЬ ПРОТИВОЯДИЙ

Пять ошибок и восемь противоядий дают нам эффективную основу для распознавания и преодоления помех, которые мешают нашей способности медитировать. Они описывают различные препятствия для успешной медитации, которые возникают по мере продвижения через девять ступеней внимательности, ведущих к шаматхе. Знание этих ошибок и их противоядий может вам помочь справиться с ними как можно быстрее и эффективнее, не только во время медитации, но и в повседневной жизни.

Пять ошибок включают в себя: лень, незнание или забывание инструкций, умственную вялость и возбуждение, недостаточное и чрезмерное применение. Восемь противоядий, между тем, таковы: стремление, вера, усердие, гибкость ума, осознанность, памятование, применение средств и невозмутимость. Пять ошибок вместе с соответствующими им противоядиями описаны здесь:

1. *Лень (противоядия: стремление, вера, усердие, умственная гибкость)*

Лень является главным препятствием для вашей практики медитации, а также для достижения других целей. Лень относится не только к безделью и ничегонеделанию. Существует три типа лени:

1.1 Самодовольство

Оно проявляется в нежелании медитировать или нежелании практиковать, в отсутствии желания или незаинтересованности в медитации.

1.2 Неуверенность в себе

Оно относится к неуверенности в себе, в своей способности медитировать и достигать шаматхи или любых других достижений.

1.3 Быть привычно занятым

Это означает, что вы занимаете себя множеством ненужных задач, что также известно как *активная лень*.

Жизненно важно сознавать эти тенденции. Лень можно преодолеть, развивая веру в прекрасные качества медитативного сосредоточения и стремясь достичь этих качеств. Только тогда мы будем ценить практику медитации достаточно, чтобы сделать ее приоритетом в своей жизни. Эта вера и стремление вдохновляют нас развивать усердие и радостное усилие, которые в конечном итоге приносят блаженную гибкость и бдительную легкость уму. Через силу ознакомления вы достигнете как умственной, так и физической гибкости, уникальной гибкости тела и ума.

Если вы падаете духом из-за того, что не чувствуете, что добиваетесь прогресса, может быть полезным признать невероятные усилия, которые мы вкладываем в другие сферы нашей жизни, такие как воспитание детей или обучение ремеслу – освоить их часто занимает многих лет. Если мы действительно рассмотрим преимущества медитации, мы можем прийти к выводу, что стоит посвятить такое же количество усилий задаче развития нашего собственного ума.

2. Не знание или забывание инструкций (противоядие: осознанность)

Это значит, что ваш объект медитации или другие инструкции не были изучены или были забыты, поэтому ум часто отвлекается на другие объекты. Слишком частая смена объекта медитации, особенно в течение одного сеанса, также является препятствием для достижения однонаправленного сосредоточения. Противоядием от этого является осознанность, которая позволяет вам удерживать объект медитации и предохраняет вас от забывания инструкций. Осознанность относится как к запоминанию инструкций по медитации, так и к вовлечению ума таким образом, что он становится 'наполненным' объектом.

В то время, как вы пребываете осознанными, вы также можете начать развивать бдительность. Это означает наблюдение за самим медитирующим умом и обнаружение, когда ум отвлекается от объекта, даже едва заметно, чтобы вы могли применить соответствующее противоядие. Это как не участвующий комментатор, сообщающий, что происходит, но на самом деле не присоединяющийся.

3. Ментальная вялость и возбуждение (противоядие: бдительность)

3.1 Грубое возбуждение:

На начальных стадиях медитации ум возбужден и часто блуждает по внешним объектам. Это возбуждение происходит, когда ваше сосредоточение удерживается слишком сильно или в вашем теле, которое недостаточно расслаблено, много напряжения. Поскольку отвлеченный ум полностью отклоняется от объекта фокусировки, это обычно довольно легко обнаружить. Однако вначале может потребоваться несколько минут для нетренированного ума, чтобы действительно заметить, что объект был потерян. Грубое возбуждение сравнивается с движением облака, которое легко распознать, когда оно происходит. Применение противоядия [антидота] как правило не является слишком трудным на этой стадии.

Противоядие

Существуют разные средства, подходящие разным людям. Вы можете опустить предмет, представить его более тяжелым, прижать язык к нижним зубам, закрыть глаза на некоторое время или сосредоточиться на телесных ощущениях и заставить все тело расслабиться. Если ум слишком возбужден и его нужно успокоить и усмирить, может также помочь медитация на отрезвляющую тему, такую как страдательная природа циклического существования или неминуемость смерти. Другая техника подчинения ума – визуализировать черную точку возле вашего сиденья. Если вы очень беспокойны, физические упражнения утомят вас и заставят ум блуждать меньше, так же как и тяжелая, жирная диета. Поначалу блуждающие мысли очень трудно обнаружить, но со временем и практикой такое сознавание становится естественным.

3.2 Грубая вялость

Она возникает, когда ум затуманен или сонный и нет ясности, так как ум чрезмерно ушел внутрь и находится на грани засыпания. Здесь ясность относится к ясному, свежему и яркому состоянию ума, а не к объекту медитации.

Противоядия

Вы можете осветлить или возвысить объект медитации, слегка подняв глаза или уделив больше внимания его деталям, как будто вы сорветесь с края скалы, если потеряете объект. Вы также можете подбодрить ум, вспоминая что-то полезное или вдохновляющее, например, качества Трех Драгоценностей, или отправляясь на возвышенное место с обширным видом. Другая техника прояснения ума – это представить белый свет у лба между глазами. Пребывание в прохладном и ветреном месте также оживит ум, так же обливание лица водой, физические упражнения на открытом воздухе и соблюдение легкой диеты.

Вы должны быть очень осторожны, однако, чтобы отличить усталость из-за лени или чрезмерного сна от усталости, потому что вам действительно нужен отдых. Также стоит быть в курсе, что недоброжелательность иногда проявляется как усталость. Если вам действительно нужен отдых, вы будете продолжать чувствовать усталость, несмотря на применение упомянутых противоядий. В этом случае важно отдыхать, так как чрезмерный напор может быть контрпродуктивным.

3.3 Тонкое возбуждение

Его сложнее распознать, оно происходит, когда часть ума комфортно отдыхает на объекте медитации, в то время как другая часть переключилась на другой объект, и вы этого не заметили. Это подобно быстро движущейся обезьяне, которую гораздо сложнее обнаружить.

Противоядие

Чтобы устранить тонкое волнение, вы должны развить особенно сильную и мощную бдительность. Этого нельзя достичь интеллектуальными средствами, но только через собственный опыт и практику. Благодаря импульсу, полученному от повторной практики, ваш ум в итоге сможет распознавать тонкое волнение, как только оно возникает, и быстро возвращаться к объекту.

3.4 Тонкая вялость (проваливание)

Ошибка тонкой вялости, или проваливания, обычно не распознается новичками, потому что они обычно слишком возбуждены. Она распознается только тогда, когда медитирующий становится более продвинутым, и есть возможность сфокусироваться на объекте с некоторой степенью стабильности, обычно – во время пятой ступени внимательности. Тонкая вялость возникает, когда есть фиксация и некоторая ясность, но нет интенсивности, это означает мало энергии или силы, с которой удерживается объект. Ее гораздо сложнее обнаружить и устранить. Многие медитирующие на самом деле застревают здесь, чувствуя, будто их медитация проходит очень хорошо. Это – распространенная ловушка.

Противоядие

Противоядие от тонкого проваливания – развить особенно сильную, мощную и яркую интенсивность, которую можно развить только с невероятной дисциплиной. Это не то, что можно описано интеллектуально, а лишь пережито опытными практикующими.

Также может помочь освежить ум, размышляя о теме, которая вдохновляет вас, такой, как благодарность к вашему учителю Дхармы, преимущества драгоценного человеческого рождения или стремление достичь просветления. Эти мысли возвышают и оживляют ум.

4. Недостаточное применение (антидот: применение противоядия)

Это значит не совершать достаточно действий для исправления вялости, возбуждения или лени, когда они возникают. Вам не удается применить противоядие, часто потому что вы слишком апатичны или самодовольны. Здесь лекарство – это совершать действия и применить соответствующее противоядие. Иногда может помочь прервать медитацию, прогуливаясь вокруг некоторое время, потягивая тело, ополаскивая лицо прохладной водой или дыша свежим воздухом. Вернувшись на свое место, вы можете обнаружить, что вам легче возобновить медитацию. Также может помочь, если вспомнить о многочисленных преимуществах практики медитации.

5. Чрезмерное применение (антидот: невозмутимость)

Это ошибка применения противоядий, когда они не нужны, или применения их чрезмерно. Примером может быть, когда проваливание и возбуждение были распознаны и исправлены, но вы все равно продолжаете применять корректирующее действие. Противоядие от этой проблемы – это применить 'невозмутимость'. Другими словами, оставить это в покое.

Если вы запомните эти пять ошибок и восемь противоядий, ваша медитация больше не будет делом 'попал и промахнулся', а, скорее, динамическим процессом, от которого вы обязательно получите пользу. Чтобы научить себя распознавать эти ошибки и применять противоядия, может быть полезно поначалу намеренно чередовать расслабление и заострение ума. Например, вы можете сделать несколько глубоких дыханий, проговаривая 'отдых' на выдохе, расслабляя позу, помещая язык за нижние зубы или визуализируя черную точку на промежности, с последующими несколькими глубокими дыханиями проговаривая 'бдительность' на выдохе, напрягая позу, помещая язык за верхние зубы или визуализируя белую точку у лба. По мере продвижения ваши корректировки будут становиться все менее частыми и все более тонкими, поскольку вы научитесь быстро распознавать вялость и возбуждение, и постепенно развивать навыки осознанности и бдительности.

III. пять способов устранить отвлекающие мысли

Традиция Тхеравады описывает пять способов устранения отвлекающих мыслей, которые являются дополнительными лекарствами от помех в медитативной практике. Это очень практичные инструкции, которые могут помочь вам преодолеть навязчивые мысли и успокоить ум, и они актуальны не только для вашей медитативной практики, но и для повседневной жизни. Более поздние противоядия обычно эффективны, когда предыдущие не сработали. Интересно, что эти техники также охватывают многие из техник, использующихся в современной психологии.

Эти пять инструкций таковы:

1. *Обращение внимания на благотворные состояния ума*

Если возникают нездоровые мысли, связанные с желанием, ненавистью и заблуждением, и вы обращаете внимание на другие мысли, являющимся благотворными, то нездоровые мысли утихают и в конечном итоге отбрасываются, и ум становится устойчивым, единым и сосредоточенным. Это подобно искусному плотнику, выбивающему и извлекающему загрубленный колышек с помощью тонкого.

Два противоположных ментальных процесса не могут происходить одновременно, как огонь и вода не могут существовать одновременно. Например, вы не можете чувствовать любовь и ненависть в одно и то же мгновение, и поэтому концентрация на любящей доброте поможет вам преодолеть ненависть.

2. *Размышления об опасностях отвлекающих мыслей*

Если нездоровые мысли все еще возникают, вам следует изучить опасности или недостатки таких мыслей, думая: 'Они нездоровые, предосудительные и приводят только к страданиям для меня и других'. Такие действия усмиряют и в конечном итоге отбрасывают любые нездоровые мысли. Это подобно любящей украшения женщине, испытывающей отвращение, шокированной и униженной, если она увидит труп змеи или собаки, висящий на чьей-то шее.

Будда использовал множество примеров, чтобы указать на опасность цепляния за мысли и чувства. Однажды он уподобил их траве или тростнику на берегу реки: хотя вы можете подумать, что можете зацепиться за них и выбраться на берег, они обрываются и вас несет дальше по течению. На Западе традиция *когнитивной терапии* призывает нас задуматься об опасностях мышления определенным образом и проанализировать, как мы могли бы видеть вещи более реалистично.

3. *Не обращать внимания на отвлекающие мысли*

Если нездоровые мысли все еще возникают, вы должны попытаться забыть эти мысли и не обращать на них никакого внимания, тогда они утихнут и в конечном итоге будут оставлены.

Это подобно человеку с хорошим зрением, не желающему видеть формы, которые попадают в поле зрения, и потому закрывающему свои глаза или смотрящему в сторону.

Это значит, мы можем натренировать себя не быть захваченными или объединенными с болезненными мыслями и чувствами. Это не значит, что вы избегаете их; скорее, они все еще на периферии вашего осознавания, хотя вы отказываетесь покупаться на них или позволять им влиять на то, как вы живете. На Западе традиция *Терапии Принятия и Обязательства (ТПО)* имеет множество 'техник разделения', чтобы уменьшить влияние отвлекающих мыслей.

4. *Усмирение мыслеобразований*

Если нездоровые мысли все еще возникают, вам следует уделить внимание усмирению мыслеобразованию этих мыслей. Благодаря таким действиям любые нездоровые мысли утихают и в конечном итоге отбрасываются. Это подобно быстро идущему человеку, думающему: 'Почему я иду быстро? А что, если я пойду медленно?' и решающему идти медленно. Затем он может подумать: 'Почему я иду медленно? А что, если я встану?' и он встает. Затем он может подумать: 'Почему я стою? А что, если я сяду?' и он садится. Наконец, он может подумать: 'Почему я сижу? А что, если я лягу?' и он ложится. Делая так он откажется от поз, которые были более грубыми, в пользу поз, которые были более тонкими. Точно так же, когда мы уделяем внимание усмирению мыслеобразований, нездоровые мысли утихают и в конечном итоге отбрасываются.

На Западе есть множество техник, основанных на осознавании и расслабленной осознанности, помогающих людям обрести более спокойный ум, который менее подвластен отвлекающим мыслям.

5. *Сокрушение ума с помощью ума*

Если нездоровые мысли и эмоции все еще возникают, то последний шаг – это сбить и 'сокрушить' ум с помощью ума, со сжатыми зубами и языком прижатым к нёбу. Это подобно сильному человеку, хватающему более слабого человека за голову и плечи, и бьющему, сдавливающему и крушащему его. Таким образом нездоровые мысли утихают и в конечном итоге отбрасываются.

Эта техника напоминает тантрический подход к работе с сильными эмоциями. Так же, как опытный врач способен превратить яд в лекарство, так и мы можем научиться просто распознавать необработанную энергию эмоций, без привязывания к ним истории, без подавления или импульсивного следования им. Например, вместо позволения гневу унести вас к стыду или насильственным действиям, вы можете распознать интенсивную ясность и глубокую заботу в его основе. Вы можете оставаться с этим чувством, пока оно не растворится, как серфер, оседлавший волну. На Западе есть похожие техники, чтобы принять или 'отпустить' сильные эмоции, вместо избегания их или поглощения ими.

Эти пять методов устранения отвлекающих мыслей предлагают свежий взгляд на то, как преодолеть препятствия к практике медитации, а также как преодолеть состояния эмоционального конфликта в повседневной жизни. Ознакомление с этими техниками может существенно помочь вашей практике медитации, особенно, когда сильные эмоции выходят наружу.

ГЛАВА 4

АНАЛИТИЧЕСКАЯ МЕДИТАЦИЯ

I. что такое аналитическая медитация?

В то время как шаматха делает упор на успокоении, объединении и сосредоточении ума, цель аналитической медитации, или *випашяны*, заключается в пробуждении ума путем изучения природы нашего опыта. Когда он основывается на спокойном уме, этот процесс позволяет вам объединить множество различных концепций из буддистской философии в единое унифицированное понимание. Таким образом, тщательное исследование и получение *концептуального понимания* этих тем создает основу для достижения *неконцептуального или прямого* прозрения. Тогда вы сможете напрямую увидеть Четыре Благородные Истины и Четыре Печати. Непостоянство, страдание и бескорыстие таким образом находятся внутри вас как часть вашего опыта.

Существует много разных уровней прозрения, и каждый уровень может быть полезен для достижения более реалистичного и сострадательного взгляда на реальность. Только самый высокий уровень, однако, приведет к полному искоренению наших омрачающих эмоций и ментальных состояний. Чтобы достичь этого, вы должны реализовать чрезвычайно усовершенствованный уровень сосредоточения, по крайней мере, – шаматху. Хотя одномоментное сосредоточение может дать вам краткие проблески или 'мгновенный опыт' прямого прозрения, особенно – если вы следуете путем религиозного служения, этого будет недостаточно для преодоления омрачений, если, конечно, это не сопровождается сильным и стабильным умом.

Это утверждение подтверждено великим мастером Махаяны Шантидевой:

Осознавая, что тот, кто хорошо наделен випашьяной посредством шаматхи, искореняет умственные омрачения, следует сначала добиваться шаматхи.

Аналогично, Асанга утверждает, что как только шаматха достигнута следует фокусировать свое внимание однонаправленно внутрь на ум. Традиция Тхеравады соглашается, что минимальным требованием для истинного прозрения (также известного как *вхождение в поток*) является ум шаматхи, поскольку этот ум временно свободен от помех. Большее проникновение, однако, может быть достигнуто с помощью еще более утонченных состояний сосредоточения джхан.

Однако это не означает, что вам следует 'откладывать' аналитическую медитацию до тех пор, пока вы не достигнете шаматхи. Во-первых, критически важно развить хорошее концептуальное понимание основных буддийских принципов ('правильное воззрение'), таких как Четыре Высшие Истины, две истины и основа, путь и результат, прежде, чем вступать на путь, это даст вам ясную картину, как вы можете достичь вашей цели. Во-вторых, полезно постоянно размышлять и укреплять свою мотивацию для практики пути ('правильное намерение'), размышляя о таких темах, как непостоянство и любящая доброта; это намерение есть то, что определяет результат вашей практики. В-третьих, базовое понимание буддистской мудрости может быть большой практической пользой в вашей повседневной жизни: оно может помочь вам стать менее вспыльчивым, мудрее и ближе к другим.

Процесс аналитической медитации, на каком бы уровне вы ни занимались, включает в себя то, что известно как *три инструмента мудрости*: сначала вы слышите или читаете определенное учение, затем изучаете и размышляете над ним, в-третьих вы пребываете с убежденностью его значения в однонаправленном сосредоточении, делая его 'частью себя'. Этот последний шаг – это именно то, что мы на самом деле подразумеваем под медитацией, поскольку вы уже узнали о нем и размышляли над его значением, и теперь вы медитируете, чтобы сделать его устойчивым в своем уме. Таким образом вы следуете постепенному процессу, сначала устанавливая мудрость через слушание, затем мудрость через созерцание, что в итоге приводит к мудрости через медитацию.

Сначала я опишу эффективный метод анализирования любой темы по нашему выбору, а затем рассмотрю, как мы можем использовать аналитическую медитацию для понимания различных тем, представленных в этой книге, имеющих дело как с относительной, так и абсолютной истиной.

II. процесс аналитической медитации

Чтобы превратить определенную тему в объект медитации, вы должны сначала сформулировать ее как вопрос (например, 'Существую ли я в своем теле?'), а затем направить ум на исследование того, как этот вопрос применим к вам в свете всех учений, которые вы изучили. Вы должны продолжать это, пока не возникнет чувство уверенности и ясности (например, что мой ум просто имеет привычку отождествлять себя с телом в определенных случаях, но меня в нем нет вообще!). Затем вы можете отбросить анализ и покоиться в этом чувстве уверенности столько, сколько оно длится, оставаясь в более восприимчивом состоянии ума.

Сбивчивые мысли неизбежно возникнут, и вы можете использовать это как сигнал начать анализ снова, или на ту же или на другую тему, используя свои мысли контролируемым образом. Когда вы снова испытаете чувство уверенности и убежденности, вы снова отдохнете, как и прежде. Таким образом, вы можете чередовать анализ и медитацию отдыха, постепенно углубляя и совершенствуя свое понимание, чтобы вы были подготовлены испытать неконцептуальную реальность пустоты.

Джамгон Конгтрул дает несколько полезных рекомендаций о том, как чередовать аналитическую медитацию и медитацию отдыха в своей *Сокровищнице знаний*:

Если из-за интенсивного анализа способность отдыхать
ухудшается,
> *Выполняйте больше медитации отдыха и восполните*
> *спокойствие.*
Если из-за продолжительного отдыха вы больше не хотите
анализировать,
> *Выполните аналитическую медитацию на то, чтобы*
> *укрепить ясность ума.*

Так, если вы обнаружите, что ум становится возбужденным от практики аналитической медитации, вы должны позволить ему успокоиться еще раз, расслабляя тело и практикуя однонаправленную медитацию в течение некоторого времени. С другой стороны, если ваша медитация отдыха приводит к вялости, вы можете повысить ясность ума, возобновляя свой анализ. Более того, когда вы привыкаете к процессу чередования анализа и отдыха, вы в конечном итоге достигаете стадии, когда не так много анализа требуется для возникновения уверенности. Поэтому важно, чтобы вы концентрировались на анализе, когда начинаете

Джамгон Конгтрул

практику, а позже быстро переключались на медитацию отдыха, когда станете более опытны.

III. аналитическая медитация и две истины

Используя инструмент аналитической медитации, вы можете размышлять на любую тему, в направлении которой вы решите направить свой ум. Буддистский путь структурирован таким образом, что побуждает нас рассматривать относительную истину и абсолютную истину как одинаково важные, и поэтому вы должны размышлять об обеих, не пренебрегая одной в ущерб другой. 'Относительная истина' связана с тем, как мы видим повседневную реальность, в то время как 'абсолютная истина' – это истинная природа этого опыта. Они подобны двум крыльям птицы, и одна не может быть полностью развита без другой. Вначале вы должны акцентировать созерцание на уровне относительной истины, поскольку это наиболее актуально для вашего опыта, тогда как позднее вы можете акцентировать внимание на абсолютной истине. Просветление, таким образом, это когда вы обнаруживаете, что в действительности нет разделения между относительной и абсолютной истиной.

1. Относительная истина

Обретение понимания на уровне относительной истины является ключевым, если вы хотите достичь просветления, поскольку это определяет вашу силу мотивации, и как вы ведете себя в мире. В частности, вы не сможете достичь отречения без глубокого размышления над такими темами, как непостоянство, страдание, карма, драгоценность человеческой жизни и преимущества освобождения и принятия прибежища. Если вы стремитесь к полному просветлению, важно размышлять и развивать бодхичитту, сострадательное желание привести всех существ к освобождению, зная, что вы можете исполнить это желание только раскрыв свою собственную природу Будды. Кроме того, если вы следуете тантрическому пути, то важно понимать высшую важность учителя Дхармы и размышлять о значении преданности и чистого восприятия, что является необходимым предварением всей тантрической практики.

Очень полезным для каждого является размышление на тему любящей доброты, или *метты*. С помощью этого размышления вы можете обрести убеждение, что все существа в равной степени достойны любви и сострадания, как и вы сами. Пример такого размышления приводится в Метта-сутте:

Пусть все существа будут счастливы и спокойны; пусть их умы будут довольны. Какие бы живые существа ни были – слабые или сильные, длинные (или высокие), крепкие или средние, низкие, маленькие или большие, видимые и невидимые, живущие далеко или близко, рожденные и те, кому еще предстоит родиться – пусть все существа без исключения будут счастливы и спокойны!

Пусть никто не обманывает другого и не презирает никого ни в каком месте. В гневе или злобе пусть никто не желает никакого вреда другому. Так же, как мать защищает своего единственного ребенка, даже рискуя своей собственной жизнью, так же пусть каждый развивает безграничное сердце по отношению ко всем существам. Пусть мысли о безграничной любви пронизывают весь мир – сверху, снизу и поперек – без каких-либо препятствий, без какой-либо ненависти, без какой-либо вражды.

Похожее размышление, основанное на Тибетской традиции, следует далее:

Начните с признания того, что все существа, как и вы, ищут счастье и его причины. Вспомните кого-то близкого вам, нейтрального человека и кого-то, кого вы можете считать врагом, и подумайте о том, как все они одинаково ищут счастья и хотят избежать страданий. Затем сосредоточьтесь на человеке, который вам близок, вспоминая его доброту к вам и думая: "Я бы хотел, чтобы он был счастлив... если бы только этот человек мог быть счастлив!" Затем подумайте о нейтральном человеке: "Я бы хотел, чтобы это человек был счастлив... если бы он мог быть счастлив!" Затем вспомните своего врага или кого-то, на кого вы можете иметь обиду: "Я бы хотел, чтобы этот человек был счастлив... если бы он мог быть счастлив!" Вы также можете захотеть вспомнить маленького ребенка, который символизирует вас – невинного, чистого и достойного всей сострадательной любви в мире: "Я бы хотел, чтобы он был счастлив... если бы он мог быть счастлив!"

Затем вы можете включить других в свое созерцание таким же образом, как вы могли бы добавлять записи в электронную таблицу компьютера, распространяя свою любящую доброту на свою семью, своих соседей, свое непосредственное окружение, вашу страну и, наконец, на весь мир, охватывая все живые существа без исключения. Вы также можете совместить это с визуализацией красного или розового света, исходящего из розы в центре вашего сердца, заполняющего все ваше тело. Вы можете затем распространить этот свет наружу, чтобы охватить свое окружение, касаясь всех живых существ светом и теплом любящей доброты.

2. Абсолютная истина

Глубокий анализ абсолютной истины – это второй жизненно важный аспект буддистского пути, поскольку правильное концептуальное понимание пустоты или бессамостности будет гарантировать, что вы никогда не собьетесь с правильного пути. По мере продвижения по пути ваш опыт начинает совпадать с этим пониманием, и в итоге вы можете отбросить ваше 'концептуальное понимание' так же, как мы оставляем плот на берегу реки, когда достигаем другого берега.

С точки зрения Тхеравады существует множество подходов или 'дверей' к пониманию абсолютной истины ('правильного взгляда'), но суть всех подходов – это *Три Признака Существования*: непостоянство (*аничча*), страдание (*дуккха*) и бессамостность (*анатман*). Например, пять скандх, которые составляют наше тело и ум – форма, чувство, восприятие и память, мыслеобразование и сознание – являются непостоянными, неконтролируемыми и иллюзорными. Объекты чувств, органы чувств, чувственные сознания и каждое переживание, с которым мы сталкиваемся, также обладают этими тремя характеристиками. Размышление о четырех основах памятования естественным образом ведет к познанию непостоянства, страдания и бессамостности, как это делают последние четыре наставления учения Будды об Анапанасати:

Вдыхая сознаю непостоянство,
  выдыхая сознаю непостоянство
Вдыхая сознаю угасание,
  выдыхая сознаю угасание
Вдыхая сознаю освобождение,
  выдыхая сознаю освобождение

Вдыхая отпускаю,
*   выдыхая отпускаю.*

В тибетской традиции также существует множество подходов к пониманию пустоты, хотя все они следуют философии Мадхьямика или Срединного пути. Эти размышления приводят к пониманию не только бессамостности личности, но также бессамостности и взаимозависимости всех явлений. В традиции Гелуг подчеркивается *нераздельность пустоты и зависимого возникновения*. Поскольку явления лишены истинного существования, они появляются в процессе зависимого возникновения, и поскольку они являются зависимыми возникновениями, у них нет никакого истинного или самосущего существования. С другой стороны, традиция Джонанг приходит к тому же пониманию, анализируя *три природы*. Основой для пустоты *временной природы* является *зависимая природа*, а основой пустоты зависимой природы является *изначальная или абсолютная природа*.

Традиции Кагью и Ньингма, тем временем, делают упор на более прямой подход задавания вопросов в медитации, чтобы проникнуть в истинную природу ума. Сокращенный пример такого размышления, основанный на учениях *Махамудры* девятого Кармапы, выглядит следующим образом:

Посмотрите на природу ума, когда он спокоен или уравновешен, и спросите: "Имеет ли он цвет, форму или очертание? Имеет ли он возникновение, прекращение, живучесть или нет? Является ли его природа состоянием полной бессодержательности или это чистая, яркая ясность?..."
Аналогично, позвольте мысли или чувству возникнуть и исследуйте их природу: "Есть ли место, откуда они возникли, место, в котором они пребывали, или место, в котором они прекратились? Расположено ли оно снаружи или внутри тела?

*Является ли природа мысли или чувства ярким, ясным осознаванием, и есть ли какая-либо разница между этим и яркой, ясной осознанностью, которую вы видели в успокоенном уме?..."
Затем вы должны исследовать ум, отображающий проявления и в связи с телом: "При отображении проявления (формы, звука, вкуса и т. д.) являются ли ум и проявление двумя отдельными вещами? Если нет, то как они связаны? Являются ли тело и ум одним и тем же или разными?..."
Наконец, вам следует исследовать природу неподвижного ума и движущегося ума вместе: "Появляются ли неподвижный ум и движущийся ум поочередно? Похож ли неподвижный ум на поле, а движущийся ум возникает, как урожай, растущий на нем? Или эти два являются одним и тем же, как верёвка и её витки (ведь нельзя отделить виток от самой верёвки)?"*

Таким образом вы начинаете понимать природу ума, или пустоту, посредством четырех прозрений: природы ума, когда он неподвижен (устранение субъекта), природы ума, когда он движется (устранение объекта), природы ума по отношению к проявлениям и телу (устранение обоих – субъекта и объекта) и природы неподвижного и движущегося умов вместе (не удаляя ни субъекта, ни объекта).

Похожий подход, включающий прогрессивные прозрения, используется в традиции Дзэн (или Чань). Это достигается с помощью *коанов*, чтобы проникнуть сквозь концептуальный ум, например, *"Каким было мое изначальное лицо до моего рождения?"*, или *му* (ответ, данный великим мастером Дзэн на вопрос: "Обладает ли собака природой Будды?" Буквально это означает 'нет'). Эти размышления не могут быть решены логическими рассуждениями, а только более глубоким неконцептуальным прозрением, и прозрения ученика многократно проверяются учителем.

По сути, инструмент аналитической медитаций позволяет вам углубить свое понимание как относительной, так и абсолютной истины, и увидеть, как это соотносится с вашим собственным опытом. Вы можете постепенно увидеть, как прозрение в относительную истину приводит к более глубокому пониманию абсолютной истины, поскольку чем большее вы развиваете отречение и сострадание, тем больше вы можете оценить взаимозависимую природу реальности, и тем более 'бессамостным' вы становитесь. И наоборот, когда вы понимаете, как ничто не существует самосущно и независимо, вы обретаете глубокое уважение, любовь и сострадание к другим людям.

ГЛАВА 5

ПРОДВИНУТЫЕ ОБЪЕКТЫ МЕДИТАЦИИ

I. ОТКРЫТАЯ ОСОЗНАННОСТЬ КАК ОБЪЕКТ МЕДИТАЦИИ

В то время, как истинное прозрение может, конечно, быть достигнуто посредством аналитической медитации, другой подход, который могут предпочесть некоторые люди – это медитация, основанная на *открытой осознанности* или *успокоении ума в его естественном состоянии*. Как и осознанность дыхания, этот метод хорошо подходит тем, чей ум склонен к волнению или навязчивому мышлению. Однако, чтобы правильно заниматься этими практиками, часто необходимо завершить определенные предварительные практики.

Достигнув определенной степени сосредоточения, вы можете сосредоточиться и быть внимательным к природе собственного опыта без необходимости в каком-либо конкретном объекте медитации. Таким образом, вы можете позволить уму освободиться от всех его привычных шаблонов и постепенно прийти в свое основное состояние. Этот процесс можно усилить, открыв глаза и сосредоточившись на пустом пространстве перед собой, просто наблюдая и следуя мыслям, чувствам, восприятиям, воспоминаниям и ощущениям, когда они возникают и растворяются обратно в этом пустом пространстве, однако не будучи захваченными ими.

В традиции Тхеравады, Сатипаттхана Сутта говорит об осознанности явлений, включая пять совокупностей, объектов чувств и других объектов осознанности. Одним толкованием этого является позволить уму расслабиться в состоянии 'непривязанной осознанности', просто наблюдая ум, когда объекты возникают и обратно растворяются в состояние открытой осознанности. В традиции Дзэн есть похожая практика, известная как *сикантадза*, которая часто дополняет использование коанов в качестве объекта медитации.

В тибетской традиции существует множество техник медитации, которые используют открытую осознанность как объект. Текст из традиции Кагью предлагает следующие инструкции по работе с возникающими мыслями:

Неважно, какие мысли возникают, просто распознавайте их такими, какие они есть, направляя свое внимание прямо на них, не думая 'Я должен их заблокировать', или чувствуя себя счастливым или несчастным. Просто смотрите на них взором различающей осознанности, распознавая, что они всего лишь игра ума, и позволяя им пройти не цепляясь... подобно параду персонажей, марширующих по сцене.

В традиции Ньингма это иногда называют *спокойствием, движением и осознанностью*, и наставления таковы:

Распознавай движение, оставаясь в спокойствии.
Когда происходит движение, удерживай позицию спокойствия.
Когда больше нет различия между спокойствием и движением,
Это есть введение в однонаправленность.

Поэтому когда возникает движение, не следует застывать в неподвижности или препятствовать движению, вместо этого распознавайте движение немедленно, как только оно возникает. Затем, просто распознаванием движения и при этом удерживанием позиции спокойствия, движение растворится обратно в спокойствии. В конце концов вы можете достичь яркой стадии, в которой движение может происходить внутри спокойствия, а спокойствие может происходить во время движения, поскольку движение не вызывает никаких отвлечений.

Состояние ума, достигаемое с помощью этой практики, характеризуется тремя качествами: блаженством, ясностью и неконцептуальностью. Этот ум подобен небу, обширному и просторному. Что бы ни двигалось по нему, будь то облака, радуга или молния, небо не реагирует. Подобно небу, вы можете тренировать себя быть внимательным ко всему, что возникает в уме, не цепляясь ни за что. Продолжение этой практики может привести к шаматхе, а затем – к прямому прозрению, поскольку вы постепенно открываете три качества просветленного ума: его пустую сущность, познающую природу и всепроникающее сострадание.

В традиции Джонанг состояние неконцептуальной открытой осознанности является фокусом практики тантрической шаматхи в темной комнате. Особая поза, с широко открытыми глазами пристально смотрящими в темноту на уровне лба, является очень эффективным тантрическим методом 'принудить' ум перейти в неконцептуальное состояние и использовать его в качестве объекта для однонаправленной концентрации. В отличие от методов большинства других традиций, никакого процесса 'вопрошания природы ума' не требуется. Это – экстраординарный метод, который выделяет тонкие, глубокие и уникальные особенности тантрического пути.

Заключительным комментарием является то, что практика открытой осознанности (или любая практика медитации) может быть улучшена посредством уделения некоторого времени после медитации воспоминанию пережитого вами опыта. Вы можете записать свои переживания в журнал, обсудить их с партнером или просто уделить несколько минут вспоминая, как прошла ваша медитация, включая мысли, эмоции, ассоциации, чувственные переживания, ментальные образы и воспоминания, с которыми вы столкнулись. Такого рода *вспоминающая осознанность* может значительно улучшить вашу способность поддерживать осознанность на протяжении всей вашей практики медитации.

II. ДЖХАНЫ КАК ОБЪЕКТ МЕДИТАЦИИ

Джханы – это чрезвычайно утонченные, блаженные и полностью поглощенные состояния ума, которые вы можете испытать после достижения шаматхи. Всего существует восемь джхан, которые достигаются последовательно, состоят из четырех *джхан формы* (где присутствует тонкий тип форм) и четырех *джхан без формы*, где нет никаких границ осознанности и исчезло восприятие какого либо-вида формы. Вхождение в эти состояния требует полной капитуляции контроля, и продолжительность времени, которое вы проводите в этих состояниях, зависит от ‘инерции’ сосредоточения, которую вы создали. Четыре джханы формы могут привести вас к более глубоким состояниям сосредоточения, чем шаматха, и таким образом помочь вам развить прозрение, в то время, как четыре джханы без формы обычно не так полезны.

Вхождение в джханы описано в двенадцатой стадии Анапанасати сутты:

> *Вдыхая освобождаю ум,*
> *выдыхая освобождаю ум*

Согласно этому руководству, вхождение в джхану – это процесс полного освобождения ума, который включает погружение или проваливание в тонкий ментальный объект, являющийся фокусом вашей медитации. Как вариант, вас может окутать сверкающий свет вместе с чувством восторга, когда вы входите в состояние, которое является полностью блаженным, но полностью осознанным и стабильным. Будучи погруженными в это состояние, вы не имеете никакого чувства пространственного расположения, включая то, что происходит с вашим телом, вы не можете слышать, видеть или говорить что-либо.

Согласно буддизму, состояния джханы приравниваются к опыту *сфер форм и без форм*, в которых, как утверждается, существа перерождаются, если они хорошо знакомы с этими медитативными переживаниями или привязаны к ним. Однако, если вы не привязаны к этим переживаниям и подходите к практике с правильным взглядом и намерением, джханы могут быть экстраординарным объектом медитации. В частности, четвертая джхана формы может помочь вам обрести исключительное однонаправленное сосредоточение, и после этого опыта вы сможете легко проникнуть в истину непостоянства, страдания и бессамостности.

Ум, обретаемый посредством практики шаматхи, – это тип ума сферы форм, описанный как подготовительное или проходное состояние к реализации первой джханы. После того, как он реализован, первая из джхан достигается посредством семи предварительных стадий после шаматхи. Каждая из четырех джхан формы имеет семь предварительных стадий, известных как семь направлений внимания, и они могут быть достигнуты только путем последовательного продвижения по этим стадиям. Описания, следующие ниже, являются лишь приблизительными объяснениями, поскольку они описывают очень тонкие состояния или качества ума, которые могут быть достигнуты, как только прожита шаматха; более подробные описания доступны, но выходят за рамки этой книги (на самом деле тибетские монахи традиционно уделяют много лет изучению этой темы)

1. *Первоначальное внимание*
   На этой стадии вы обладаете особенным вниманием иницииировать соединение с состоянием джханы.

2. *Распознающее внимание*
   Эта стадия обладает прочной силой различения, основанной на интеграции обучения и размышления.

3. *Внимание, возникшее из верования*
   Ум сейчас достигает особого качества убежденности.

4. *Изолированное внимание*
   На этой стадии ум обладает вниманием, полностью свободным от тонких отвлечений.

5. *Внимание радости или отчуждения*
   Свойство такого ума – это побуждать радость внутри себя и испытывать всепоглощающую радость.

6. *Аналитическое внимание*
   Качество ума на этой стадии – обладать тонким исследованием и пониманием.

7. *Заключительное интегрирующее внимание*
   Эта заключительная стадия представляет собой завершение качеств, доводящих до действительного состояния джханы ума.

После выхода из медитации на одном из состояний джханы, вы можете распознать определенную джхану посредством выявления определенного набора качеств. Эти качества описывают состояние ума, которое становится все более тонким и действует как противоядие от пяти помех: апатии, неуверенности, недоброжелательности, беспокойства, сожаления и чувственного желания. Хотя я описываю эти качества определенными словами, они гораздо более тонкие и возвышенные, чем то, что эти слова обычно обозначают. Первая джхана имеет четыре качества: исследование и анализ, радость, блаженство и однонаправленность. При достижении второй джханы первое качество утихает, поэтому человек остается с умом, покоящимся в состоянии радости, блаженства и однонаправленности. Третья джхана характеризуется состоянием блаженства и однонаправленности, в то время как в четвертой джхане остается только однонаправленность или невозмутимость. Сосредоточение человека наиболее утонченно в четвертой джхане и поэтому невероятно мощно.

После четвертой из джхан формы медитирующий может испытать четыре состояния джхан без формы: безграничное пространство, безграничное сознание, небытие, а также вне восприятия. Эти состояния, как правило, не особо полезны, поскольку состояние ума человека чрезвычайно тонкое и лишено сосредоточения развитого в предыдущих джханах. Второе из этих состояний – бесконечное сознание – может в некоторых случаях служить трамплином для реализации пустоты, хотя другие состояния, как правило, являются препятствием для развития истинной мудрости. Это качество ума в джханах без форм почти не имеет восприятия, будучи просто формой или тонким опытом ума, и оно может проецировать медитирующего на перерождение в сферах без форм, где не воспринимаются никакие физические формы: ни звук, ни запах, ни вкус, ни ощущение.

Уже после достижения шаматхи у вас есть способностью видеть, что первая джхана гораздо тоньше, чем ум самой шаматхи. Воспринимая тонкую и спокойную природу этого ума, вы вдохновляетесь практиковать с усердием дальше, чтобы достичь более тонких уровней джхан сферы форм. Когда погружение в первую джхану достигнуто, вы вдохновляетесь получить доступ и погрузиться во вторую, третью и четвертую джханы. После выхода из этих состояний, высокий процент стабильности и ясности переносится в то, как вы занимаетесь своими повседневными делами, когда ваш ум возвращается в сферу желаний. Во время медитации вы временно покидаете омрачающие мысли и эмоции, которые характеризуют мир желаний; между сессиями они все еще возникают, хотя и с меньшей частотой, интенсивностью и продолжительностью.

Мощное сосредоточение, достигаемое в джханах, также открывает дверь к достижению ясновидения и сверхъестественных сил. Направляя ум на воспоминание прошлых жизней, человек можно достичь прямого восприятия многих предыдущих существований, вспоминая природу своего опыта в каждой из них. Можно также развить 'око божества', которое напрямую видит уход и перерождение существ и то, как они перемещаются по различным сферам существования на основе своих действий. Кроме того, можно развить слух божества, ведание мыслей других людей и сверхъестественные способности, которые позволяют человеку контролировать четыре элемента, такие как перемещение сквозь твердые предметы, хождение по воде или полет в пространстве. Однако развитие этих пяти типов экстрасенсорных способностей не означает, что вы достигли освобождения.

Достижение различных джхан может привести к перерождению в различных сферах форм и без форм. Однако буддийские медитирующие обычно не ищут перерождения там, поскольку там обычно невозможно практиковать путь Будды. Рождение в этих мирах свободно от грубого страдания, но, как и все вещи, существование там в итоге должно прийти к концу. Поскольку это не обязательно – лучшее место для практики, такое рождение может быть пустой тратой хорошей кармы. Однако есть исключительные случаи, когда некоторые буддистские практики ищут перерождения в этих мирах, чтобы быстро и временно усмирить омрачения, хотя полное искоренение их склонностей должно произойти позже. Существует также стадия достижения в пути Тхеравады, известная как "невозвращающийся", после которой человек спонтанно перерождается в мире форм, прежде чем достичь нирваны.

ССЫЛКИ

О многих практиках, затронутых в этом тексте, можно более подробно прочитать в следующих книгах:

Bikkhu Bodhi (ed). In the Buddha's Words: An Anthology of Discourses from the Pali Canon (Boston: Wisdom 2005).

John Barter. Mindfulness Meditations with John Barter. 2 CD Set. (Sydney 2009).

Ajahn Brahm. Mindfulness, Bliss and Beyond: A Meditator's Handbook (Somerville: Wisdom 2006).

Ajahn Chah. A Still Forest Pool: The Insight Meditation of Ajahn Chah. Compiled by Jack Kornfield and Paul Breiter (New York: Quest, 1986).

His Holiness the Dalai Lama. How to See Yourself As You Really Are: A Practical Guide to Self-Knowledge (London: Rider, 2006).

The Ninth Karmapa Wangchuk Dorje. The Mahamudra: Eliminating the Ignorance of Darkness. (Dharamsala: Library of Tibetan Works and Archives, 2002).

Shar Khentrul Jamphel Lodro. Unveiling Your Sacred Truth through the Kalachakra Path, Books One to Three. (Melbourne: Tibetan Buddhist Rime Institute, 2016).

B. Alan Wallace. The Attention Revolution: Unlocking the Power of the Focused Mind (Boston: Wisdom 2006).

Об Авторе

Кхентрул Ринпоче Джампел Лодрё - основатель и духовный наставник Дзокден. Ринпоче является автором многих книг, включая «Раскрытие вашей священной истины», «Великий Срединный Путь: уточнение воззрения Джонанг на пустоту от другого», «Более счастливая жизнь» и «Сокровище глубинного пути».

Ринпоче провёл первые 20 лет своей жизни, занимаясь выпасом яков и интенсивно начитывая мантры на тибетских плато. Вдохновлённый бодхисаттвами, он покинул семью, чтобы учиться в различных монастырях под руководством более двадцати пяти мастеров всех традиций тибетского буддизма. Благодаря несектарному подходу он получил титул Мастер Римэ (признающий ценности разнообразия всех духовных традиций мира) и был признан реинкарнацией знаменитого мастера Калачакры Нгаванга Чёцина Гьяцо.

Хотя в центре его учений лежит признание ценности разнообразия всех духовных традиций мира, он сосредоточен на традиции Джонанг-Шамбала. Учения Калачакры (колесо времени), переданные от королей Калки Шамбалы, содержат глубокие методы гармонизации внешней среды с внутренним миром тела и ума. Этот тантра напрямую связана с Кармой нашей Земли для наступления Золотого века мира и гармонии (Дзокден). Кхентрул Ринпоче сделал своей жизненной миссией распространение этих драгоценных учений на как можно большем количестве языков во всём мире, чтобы мы могли по-настоящему преобразовать наш мир, человека за человеком, изнутри наружу.

Шар Кхентрул Джампел Лодрё

Видение Ринпоче

Дзокден был основан с прямой целью поддержать Кхентрула Ринпоче в реализации его видения - привести к наступлению Золотого века мира и гармонии в этом мире. По мере роста и развития нашего сообщества всё больше людей вовлекаются в это необыкновенное дело.

Чтобы дать представление о масштабах видения Ринпоче, можно выделить восемь целей, отражающих его краткосрочные и долгосрочные приоритеты:

немедленные цели

В конечном счёте, долговременное и подлинное счастье возможно только через глубокое личное преобразование. Сейчас, как никогда, нам нужны методы для развития мудрости и реализации нашего наибольшего потенциала. Именно поэтому Ринпоче придаёт большое значение сохранению линии передачи Калачакры Джонанг. Для этого Ринпоче предлагает четыре способа:

1. **Создание возможностей для связи с аутентичной и полной линией Калачакры в тесном сотрудничестве с преданными медитаторами в отдалённом Тибете.** Наша цель - создать все условия для практики Калачакры в соответствии с аутентичными мастерами линии, которые поддер-

живали эту традицию на протяжении тысячелетий. Мы делаем это, заказывая статуи и картины, пишем книги и проводим учения по всему миру. Особое внимание уделяется обеспечению подлинности наших материалов, опираясь на глубокий опыт высоко реализованных медитаторов, посвящающих свою жизнь этим практикам.

2. **Создание международных ретритных центров для изучения и практики Калачакры.** Чтобы интегрировать учения в наш ум, важно иметь возможность участвовать в периодах интенсивной практики. Поэтому мы работаем над созданием необходимой инфраструктуры, которая будет поддерживать и развивать участников нашего сообщества как для краткосрочных, так и для долгосрочных ретритов. Это включает покупку земли и строительство всего необходимого для проведения групповых и индивидуальных ретритов. Наша долгосрочная цель - развить сеть таких центров по всему миру, формируя глобальное сообщество, поддерживающее широкий спектр практикующих.

3. **Перевод и публикация уникальных и редких текстов мастеров Калачакры.** Система Калачакры на протяжении долгой истории Тибета стала предметом множества текстов. До сих пор лишь небольшая часть этих текстов переведена и доступна на Западе. Хотя теоретические тексты важны, мы сосредоточены в особенности на основных наставлениях, которые помогут преданным практикующим глубже пережить эти глубокие учения.

4. **Разработка инструментов и программ для структурированного обучения.** Поскольку студенты разбросаны по всему миру, мы считаем важным максимально использовать современные технологии для облегчения процесса обучения. Наша цель - создать надёжную онлайн-образовательную платформу, которая позволит

международному сообществу получать доступ к качественным учебным программам, интуитивным, структурированным и увлекательным.

ДОЛГОСРОЧНЫЕ ЦЕЛИ

Хотя каждый из нас работает над достижением абсолютного мира и гармонии в своём уме, нельзя терять из виду факт, что мы существуем в мире, наполненном большим разнообразием людей. Эти люди создают широкий спектр верований и практик, которые, в свою очередь, формируют наши отношения и взаимодействие друг с другом. В этой взаимозависимой реальности крайне важно находить жизнеспособные стратегии для поощрения большей терпимости и уважения. В этой связи Ринпоче предлагает четыре конкретные области деятельности:

1. **Содействовать развитию философии Римэ через диалог с другими традициями.** С желанием быть конструктивными членами плюралистического общества, нам нужно учиться способам примирения наших различий. Для этого мы стремимся помогать людям развивать положительные качества, способствующие взаимному уважению, открытости к новым идеям и любознательному стремлению преодолеть наше неведение.

2. **Развивать высоко реализованных образцов для подражания, предоставляя финансовую поддержку преданным практикующим.** Чтобы гарантировать подлинность наших духовных традиций, необходимо, чтобы были люди, реализующие высшие достижения. Поэтому мы планируем создать финансовую стипендиальную программу, которая будет поддерживать подлинных практикующих, желающих посвятить свою жизнь духовному

развитию, независимо от их системы практики. Помогая людям реализовывать учения, они становятся положительными примерами для окружающих, вдохновляя и направляя будущие поколения.

3. **Реализовать великий потенциал женщин-практикующих через разработку специализированных программ обучения.** В тибетской культуре существует долгий опыт воспитания высоко реализованных мастеров через интенсивную подготовку тех, кого признают обладающими великим потенциалом. К сожалению, поиск потенциала часто сосредотачивался только на мужчинах. Ринпоче считает, что всё более важно иметь сильных, высоко реализованных женских примеров для подражания, способных привнести больший баланс в наш мир. Поэтому мы разрабатываем уникальную программу, предоставляющую женщинам возможность реализовать свой духовный потенциал. Наша цель - создать специализированную учебную программу, а также финансовую инфраструктуру для полной поддержки всех аспектов их образования.

4. **Содействовать большей гибкости ума и расширенному пониманию реальности через современные образовательные программы.** В быстро развивающемся мире нам нужно переосмыслить навыки, которые мы передаём нашим детям. Жёсткие структуры прошлого часто недостаточно подготовлены для того, чтобы помочь студентам справляться с вызовами их жизни. Поэтому мы планируем разработать разнообразные образовательные программы, которые помогут детям стать более гибкими и способными адаптироваться к своему окружению. Важной частью этих программ является развитие осознанности относительно роли нашего ума в повседневном опыте.

Мы также стремимся внедрить реформы в систему монастырского образования, чтобы сделать её более актуальной для современного мира.

как вы можете оказать поддержку?

Всё вышеперечисленное невозможно без вашей поддержки и участия. Видение такого масштаба требует огромного накопления заслуг и щедрости многих благотворителей на протяжении многих лет. Если вы хотите оказать поддержку, пожалуйста, не стесняйтесь связаться с нами.

Dzokden
3436 Divisadero Street
San Francisco, California 94123
United States of America
www.dzokden.org